Walter Keßler

Carl Schurz

Kampf, Exil und Karriere

Walter Keßler

Carl Schurz

Kampf, Exil und Karriere

Greven Verlag Köln

Gedruckt mit Unterstützung
des Landschaftsverbandes Rheinland

© Greven Verlag Köln GmbH 2006
Alle Rechte vorbehalten.
www.Greven-Verlag.de
Satz: Böhm Mediendienst GmbH, Köln
Umschlag: Thomas Neuhaus, Billerbeck
Druck und Bindung: Aalexx, Großburgwedel
ISBN 3-7743-0383-5

Abbildung Umschlag Vorderseite: Carl Schurz auf einem
Holzstich der Leipziger „Gartenlaube" von 1868.
Abbildung Umschlag Rückseite: Schurz als Generalmajor
(1863–1865) im US-amerikanischen Bürgerkrieg. Foto aus der
amerikanischen Ausgabe der Lebenserinnerungen.

Der Autor

Walter Keßler
geb. 1939
Journalist, bis 2004 Leiter der Landesredaktion NRW
der Katholischen Nachrichtenagentur (KNA) und seit 1978
Sprecher des Carl-Schurz-Kreis in Erftstadt

Inhalt

Inhalt

Vorwort

„Ein Politiker denkt an die nächsten Wahlen, ein Staatsmann an die nächste Generation." Nach dieser Definition des mehrmaligen britischen Premierministers William Ewart Gladstone ist Carl Schurz ein Staatsmann. Er hat über den Tag hinaus gedacht. Er strebte nachhaltige Veränderungen und Verbesserungen an. Sein Einsatz für Einheit und Freiheit wird am deutlichsten durch seine Beteiligung an der Revolution 1848/49 in Deutschland, die sich für die Einheit der Nation und für mehr Bürgerrechte einsetzte, sowie am amerikanischen Bürgerkrieg 1861–65, in dem es um die Einheit des Landes und um die Befreiung der Negersklaven ging. Aber auch eine gerechte Indianerpolitik, der Schutz der Umwelt, die Durchsetzung einer sauberen Verwaltung und die Bekämpfung US-amerikanischen Vormachtstrebens gehörten zu seinen politischen Zielen.

Dass der Kampf um Einheit und Freiheit auf zwei Kontinenten zusammengehört, belegt der Schriftsteller Stefan Heym mit seinem 1965 erschienenen Roman „Lenz oder die Freiheit", der 1984/85 vom Südwestfunk verfilmt wurde. Der Titelheld kämpft, wie Schurz und andere Revolutionäre, nicht nur in der badischen Revolution mit, sondern auch im amerikanischen Bürgerkrieg. „Der Geist der Revolution ist nicht erloschen", so Heym.

Viele Bücher befassen sich mit Carl Schurz. Es sind Veröffentlichungen zu Spezialthemen oder Nacherzählungen der immer noch lesenswerten Lebenserinnerungen von Schurz. Erst mit diesem Buch liegt eine umfassende deutschsprachige Biografie vor. Sie ist die Ausweitung dessen, was Liblarer Schüler um 1950 über ihren prominenten Mitbürger erfuhren: „Carl Schurz wurde auf Schloss Gracht geboren, ging nach Amerika und wurde ein berühmter Mann." Die Biografie beruht auf der Auswertung vieler Archive, denen mein Dank gilt. Die Archivangaben am Ende des Buches enthalten nähere Hinweise. Die Zitate sind einheitlich der gültigen Rechtschreibung angepasst. Die Lektüre wird durch ein Personen- und ein Ortsregister erleichtert.

I. Der Liblarer Lehrersohn

Die Familien Schurz und Jüssen

Carl Christian Schurz wird am 2. März 1829 um 15 Uhr in Liblar geboren – einem Straßendorf bei Köln mit rund 600 Einwohnern. Der Stolz der Dorfbewohner ist die gepflasterte Hauptstraße, die Chaussee. Sie verläuft auf der Trasse

Geburtsurkunde von Carl Schurz. Die nachträgliche Randbemerkung nennt Marylebone als Ort der USA; in Wirklichkeit liegt der Ort in England und gehört heute zu London.

Schloss Gracht (links) mit Vorburg (rechts), wie sie bis 1879 aussah. Lithographie von Ferdinand Müller.

der Römerstraße Köln–Zülpich. Die Häuser sind meist kleine Fachwerkbauten. Außerdem gibt es einige Backsteingebäude. Die Dorfbewohner sind vorwiegend kleine Bauern, Tagelöhner, Handwerker, einige Wirte und Krämer. Am 3. März wird Schurz in der katholischen Pfarrkirche Sankt Alban getauft. Hinter der in der Geburtsurkunde angegebenen Adresse Burgstraße 32 verbirgt sich die Vorburg von Schloss Gracht. Denn Heribert Jüssen (1773–1840), der Großvater mütterlicherseits, ist „Burghalfe" oder „Halbwinner" des Grafen Wolff Metternich zur Gracht. Er ist Pächter von etwa 100 Hektar Ackerland rund um das Schloss und teilt sich den Erlös mit dem Grafen. Mit Heribert Jüssen, seiner Frau Anna Eva (1772–1839) und dem Gesinde wohnt auch das junge Ehepaar Schurz hier. Des Pächters Tochter Maria Anna (Marianne) Jüssen (1798–1877) hat nämlich 1828 den Lehrer Christian Schurz (1796–1876) geheiratet. So gilt sowohl für Carl als auch für seinen 1830 geborenen Bruder Heribert, der nur acht Jahre alt werden sollte, der Auftakt der Lebenserinnerungen zu Recht: „Ich bin in einer Burg geboren."

Die Vorfahren der Liblarer Jüssens lassen sich als Landwirte bis ins letzte Viertel des 17. Jahrhunderts nachweisen in Neukirchen, Müggenhausen, Metternich und Vernich, jetzt Ortsteile von Weilerswist. Die Vorfahren von Carl Schurz sind ebenfalls bis ins 17. Jahrhundert zurückzuverfolgen. Sie stammen aus dem Raum Lengsdorf, Duisdorf, Lessenich, Endenich bei Bonn.

Großvater Heribert Jüssen.

9

Die Eltern Marianne und Christian Schurz.

Zeitereignisse

1829 ist kein Jahr, das im Geschichtsunterricht eine große Rolle spielt. Es ist das Geburtsjahr des Rechtschreibreformers Konrad Duden, des Politikers Eduard Lasker, des Zoologen Alfred Brehm, des Schriftstellers Friedrich Spielhagen, den Schurz in Bonn kennenlernen wird. Augusta von Sachsen-Weimar-Eisenach heiratet den preußischen Prinzen Wilhelm, „Kartätschenprinz" in der Revolution 1848/49 und später König Wilhelm I. Ausgerechnet dieser Monarch wird die von der engagierten Demokratin Johanna Kinkel 1829 komponierte Vogelkantate später in Baden-Baden „voll Entzücken" hören. Die preußischen Gemeinden erhalten das Recht, Hundesteuer zu erheben. Der Kölner Mäzen Sulpiz Boisserée schenkt dem bayerischen König Ludwig I., später ebenfalls von der Revolution betroffen, farbige Fensterentwürfe für den Kölner Dom, die den Monarchen später zur Stiftung der Bayernfenster im südlichen Seitenschiff animieren. In Leipzig gibt Felix Mendelssohn Bartholdy mit der Aufführung der Matthäuspassion die

Initiative für die Bach-Renaissance. In Rom wird das Deutsche Archäologische Institut gegründet. In London zieht mit Daniel O'Connell der erste Katholik ins Unterhaus des „United Kingdom of Great Britain and Ireland" ein.

Andere Jahreszahlen sind gewichtiger. In Frankreich bricht 1830 die Julirevolution aus. Belgien entsteht im selben Jahr als selbstständiger Staat. 1832 treffen sich etwa 30.000 Demokraten zum Hambacher Fest. Griechenland wird eigenes Königreich. 1833 wird der Deutsche Zollverein gegründet und Studenten entfesseln den Frankfurter Aufstand. 1837 protestieren sieben Göttinger Professoren gegen die Aufhebung der Verfassung durch den hannoverschen König Ernst August. Im badischen Landtag hält Franz Joseph Buß die erste sozialpolitische Rede eines deutschen Politikers. In Köln verhaften die Preußen Erzbischof Clemens August Droste zu Vischering und bringen ihn auf die Festung Minden. 1839 wird in Preußen die Kinderarbeit für unter Neunjährige verboten. 1844 brechen in Schlesien die Aufstände der Lein- und Baumwollweber aus. Die Heilig-Rock-Wallfahrt nach Trier sorgt im selben Jahr für hitzige Diskussionen und die Gründung der Deutschkatholiken. Ihr Initiator Johannes Ronge wird einmal Schwager von Carl Schurz werden.

Von der Burg ins Dorf

Carl Schurz wächst in einem literarisch, geschichtlich und politisch interessierten Elternhaus auf, in dem über aktuelle Ereignisse diskutiert wird. Anregungen kommen aus der großen Verwandtschaft seiner Eltern und Großeltern, vor allem von den vier Brüdern seiner Mutter: Peter, Ferdinand, Jacob und Georg Jüssen. Die Großfamilie Jüssen-Schurz zieht Ende 1832 von der Vorburg in ein kleines Haus an der Liblarer Hauptstraße. Hier nimmt Christian Schurz einen Eisenwaren- und Weinhandel auf, betätigt sich als Wirt, um das schmale und unzuverlässig eingehende Gehalt aufzubessern. Die Königliche Regierung in Köln moniert am 7. Dezember 1832 diese notwendige Nebentätigkeit als „einen Grund zur Vernachlässigung des Unterrichts".

Schon am 16. Januar 1832 hat der Schulinspektor des Kreises Euskirchen, der Wichtericher Pfarrer Hubert Vogt, Kritik an der Unterrichtung der etwa 140 Kinder durchblicken lassen. „Der Lehrer hat Anlagen genug, um den Unterricht gehörig zu erteilen. Von Nachlässigkeit hatte ich ihn nicht freizusprechen", heißt es nach der Visitation der Schule. Freilich weist Vogt auch auf die schwierige Situation hin. Es sei entmutigend, dass die Schule nur im Winter „fleißig" besucht werde, im Sommer aber „äußerst unregelmäßig". Bürgermeister Johann Joseph Curt „tut nichts für eine Besserung". Die Querelen enden mit der Entlassung von Christian Schurz. Sein Nachfolger ab dem 1. April 1834, Andreas Dürscheidt, wird zwar besser bezahlt, hat aber bald ähnliche Schwierigkeiten wie Schurz. Schulpfleger Vogt am 2. Januar 1836: „Die Schule in Liblar gehört zu den schlechtesten im Kreis."

In diese Zeit fallen weitere Schicksalsschläge. Ende 1833 erleidet Heribert Jüssen einen Schlaganfall, von dem er sich nicht wieder erholt. Nachfolger als Pächter wird sein Sohn Georg. Das Pachtverhältnis wird zu Martini 1838 (11. November) gekündigt. Die Jüssens müssen wie die Schurzens die Burg verlassen und ins Dorf ziehen, wo die Großeltern kurz nacheinander sterben.

Im Liblarer Haus kommen die beiden Schwestern von Carl Schurz zur Welt: Anna Barbara (1833–1908) und Antonella, die Antonie oder Toni genannt wird (1835–1923). In ihren Lebenserinnerungen lobt sie das kleine Haus und den großen Garten. „Ich war stolz darauf, dass unser Garten der beste und geschmackvollste im Dorf war und einen Reichtum an gutem Obst und herrlichen Blumen hatte." Außerdem erzählt sie von der „großen Neufundländerin Olga", einer fruchtbaren Hundemutter, deren Nachwuchs „die ganze Dorfstraße entlang" lief. Das Haus liegt an der „Chaussee", nach den heutigen Straßenbezeichnungen an der Kreuzung Zum Grünen Weg/Carl-Schurz-Straße.

Doch es gibt auch Anlass zur Sorge: „Das Geschäft, das Vater betrieb, war ein Eisenwarengeschäft, und nebenbei kaufte er Weine auf, von denen er immer ein kleines Lager hielt und die er dann in kleineren Quantitäten wieder verkaufte. Ich habe Mutter oft sagen hören, dass der Vater kein guter Geschäftsmann gewesen sei, da er immer die Sachen bestellt habe, die ihm am besten gefielen und sich meistens schwer verkauften." Das kleine Wohnhaus nebst einem Tanzsaal wird die Gemeinde Liblar 1847 kaufen und ab 1852 als Schule nutzen.

Schulzeit

Als Lehrer kümmert sich Christian Schurz um die Bildung der Kinder „und sah sehr darauf, dass wir gut lernten". Früh habe er sich vorgenommen, aus Bruder Carl etwas Besonderes zu machen – „und das ist ihm ja auch glänzend gelungen", so Toni Schurz. Zu dem Besonderen gehört sicher, dass Carl Schurz schon sehr früh, ab dem Schuljahr 1833/34, die Schule in Liblar besucht, also zumindest

Das Lehrerseminar in Brühl, an dem Christian Schurz ausgebildet wurde und dessen Übungsschule Carl Schurz besucht.

anfangs bei seinem Vater. Ab Ostern 1837 geht er in die Elementarschule nach Brühl. Von Frühjahr bis Herbst geht er wirklich, nämlich zu Fuß durch den Gebirgszug der Ville. Die Brühler Schule ist dem Lehrerseminar angegliedert, das Christian Schurz einst besucht hat. Im Winter wohnt Carl Schurz bei einer Metzgerswitwe. Doch schon vor der Brühler Schulzeit war er zweimal wöchentlich in die Nachbarstadt marschiert, um bei Kaplan Johann Hermann Josef Schmittmann Latein zu lernen und beim Organisten Adolf Simons Klavierunterricht zu bekommen. Toni Schurz: „Solange wir in Liblar lebten, hatten wir ein Klavier, das wohl für Bruder Carl angeschafft war, der schon früh gut spielte." Später musste der Älteste „viel Klavier spielen, um zu zeigen, wie große Fortschritte er gemacht hatte".

Neben den drei Kirmestagen im August, an denen die Familie Schurz Besuche aus der großen Verwandtschaft bekommt, ist das Schützenfest an Pfingsten ein weiteres festliches Ereignis. 1843 wird Carl Schurz in die Sankt-Sebastianus-Bruderschaft aufgenommen. Im selben und im kommenden Jahr schießt er im Auftrag den hölzernen Vogel von der Stange, damit Gertrud Groen und Elisabeth Eifler die Königswürde bekommen können.

Seit Herbst 1839 ist Schurz Schüler des einst von Jesuiten gegründeten Marzellengymnasiums in Köln, das er zu Ostern 1846 aus finanziellen Gründen verlassen muss. Auch wenn er in seinen Lebenserinnerungen den „Häuserpferch und das Gedränge der Stadt" eher negativ sieht, die Kölner Zeit ist prägend. Das liegt an der geistigen Verwandtschaft mit Schülern und Lehrern und am kulturellen Angebot Kölns. Er lernt beispielsweise die älteren Mitschüler Theodor Petrasch und Ludwig von Weise kennen, die er in Bonn wieder treffen wird. Petrasch wird Hafenmeister von New York, von Weise Beigeordneter in Köln und von 1875 bis 1883 Oberbürgermeister von Aachen.

Seinen Lehrern ist Schurz zeit seines Lebens dankbar, wie spätere Besuche und Geschenke zeigen werden. Seinem Geschichtslehrer Wilhelm Pütz bescheinigt er, dass dieser „die Lust an seinen Unterrichtsgegenständen anzuregen" verstand. Als Schurz später Senator ist, bekommt er von Pütz Druckfahnen des Buches „Leitfaden zur Weltgeschichte", die er im Hinblick auf amerikanische Ereignisse kritisch durchsehen soll. Pütz: „Ich habe Ihnen oft Ihr Pensum korrigiert, nun korrigieren Sie mir einmal das meinige." Schurz hat aber nichts zu korrigieren.

Verdankt Schurz die Einsicht in geschichtliche Zusammenhänge Professor Pütz, so die Schulung des prägnanten Ausdrucks Heinrich Bone, der ein produktiver und zudem erfolgreicher Fachschriftsteller ist. Im ersten Teil von Bones „Deutschem Lesebuch für höhere Lehranstalten" von 1840 ist eine kurze Jagdszene des Schülers Carl Schurz enthalten, die er mit zehn oder elf Jahren geschrieben hat. Seinen Lehrer Bone, der viele auch heute noch verbreitete Kirchenlieder geschrieben hat, wird Schurz bei seinem Deutschlandaufenthalt 1888 besuchen.

In Köln wohnt Schurz zuerst beim Schlossermeister Schetter in der Maximinenstraße, der ihn mit ins Theater nimmt, meist in Ritterstücke wie „Otto von Wittelsbach". Schurz schreibt selbst Theaterszenen, Balladen und Gedichte, etwa „Auf des Bruders Grabe" nach dem Tod von Heribert. Einen Aufsatz über Schillers „Jungfrau von Orleans" bietet er der Kölnischen Zeitung zum Abdruck an. Feuilletonredakteur Levin Schücking, selbst Schriftsteller, gibt das Manuskript jedoch zurück. Der Text sei zwar ganz gut, aber eher eine Studie. Außer dem Theater besucht Schurz auch die „Wallrafsche Gemäldesammlung" oder geht sonntags zur „Musikalischen Hochmesse" in den noch nicht vollendeten Kölner Dom. Nachmittags besucht er die Wachtparadenkonzerte auf dem Neumarkt.

Aus den erhalten gebliebenen Schülerlisten des Marzellengymnasiums geht hervor, dass Schurz auch in der Fleischmengergasse 3 bei der Familie Neukirchen und in der Marzellenstraße 10 bei der Familie Zündorf wohnt, bis er die Schule verlässt. Als Externer bereitet er sich auf das Abitur vor, das er am 28. Juli 1847 bestehen wird. Bone bestätigt ihm, er habe in der deutschen Sprache eine „sehr erfreuliche Sicherheit und Gewandtheit" gezeigt und „mit einer einfachen und gefälligen Darstellung Klarheit des Gedankens und Tiefe der Auffassung" vereinigt.

Umzug in die Universitätsstadt Bonn

Ende 1845 zieht die Familie Schurz nach Bonn, wo sie zunächst in der Sternstraße 288 (heute Nr. 68), dann in der Koblenzer Straße 83 (heute Adenauerallee 118) und in der Rheingasse 891 (in der Nähe der heutigen Oper) wohnt. Gründe sind wohl die Aussichten auf bessere Einnahmen und das erleichterte Studium von Sohn Carl in der Universitätsstadt.

In Bonn hilft Carl seinen Eltern, bereitet sich auf das Abitur vor, besucht als Gasthörer der Universität philosophische und geschichtliche Vorlesungen und gehört als Gast, als „Mitbummler", der am 11. Dezember 1845 gegründeten Burschenschaft Frankonia an. Den Kontakt haben seine ehemaligen Mitschüler Petrasch und von Weise geschaffen. Mit den Franken verbindet sich für „Putz",

Die Universität in Bonn.

wie er hier genannt wird, die erste Aufwertung seines Selbstvertrauens. Eine von ihm verfasste Kneipzeitung mit einer Parodie auf die Szene in Auerbachs Keller aus Goethes „Faust" sorgt für großen Jubel. „Sie machte den befangenen Landjungen plötzlich zu einer sehr respektierten Person in seiner Umgebung."

Der gleichaltrige Mitburschenschaftler Friedrich Spielhagen, ein Bestseller-autor des 19. Jahrhunderts, schildert seinen Eindruck so: „Groß, schlank und hager, gab er nichts auf Haltung, sondern saß, stand und ging, wie es ihm bequem war. Im Verhältnis zu dem prächtigen, von reichem, lockig-langem Haar bedeck-ten Schädel erschien das Gesicht klein, fast gekniffen, besonders in der unteren Partie, welche die breite, feste Stirn wie einen Felsen überragte. Die hellen, lebhaften Augen waren stets von einer Brille bedeckt, welche die Neigung hatte, auf der etwas eingebogenen Nase nach unten zu rutschen, und dann mit einem energischen Ruck des Zeigefingers hinaufgeschoben wurde."

II. | Der Demokrat und Revolutionär

Bekanntschaft mit Gottfried und Johanna Kinkel

Entscheidend für die Zukunft von Carl Schurz ist seine Bekanntschaft und spätere Freundschaft mit Professor Gottfried Kinkel (1815–1882). Dieser hat zunächst Theologie gelehrt und ist seit 1846 außerordentlicher Professor für Neuere Kunst-, Literatur- und Kulturgeschichte, immerhin Nachfolger des berühmten August Wilhelm Schlegel. Sein Hauptwerk befasst sich mit altchristlicher Kunst. Schurz lobt in den Lebenserinnerungen Kinkels „fesselnden Vortrag" und ist ganz begeistert von dem „auffallend schönen Mann". „Kinkel besaß eine wunderbare Stimme – zugleich stark und weich, hoch und tief, gewaltig und rührend in ihren Tönen, schmeichelnd wie die Flöte und schmetternd wie die Posaune, als umfasste sie alle Register der Orgel."

Schurz nimmt an Kinkels Vorlesungen über Rhetorik teil. An den 20 Abenden zwischen dem 26. Oktober 1847 und dem 26. Januar 1848 geht es für die rund 30 Teilnehmer, darunter neben Schurz auch Ludwig von Weise und Friedrich Althaus, mit dem er sich anfreundet, um ganz praktische Übungen. Die Studenten halten Nachrufe,

Carl Schurz als Bonner Student. Lithographie von Bernhard Hoefling.

17

begründen politische Anträge, debattieren über die Todesstrafe, rezitieren Gedichte etwa von Adelbert von Chamisso, August Graf von Platen und Ludwig Uhland, interpretieren Gotthold Ephraim Lessings „Emilia Galotti", referieren 15 bis 20 Minuten lang über die Venus von Milo oder halten eine Rede zur Enthüllung einer fiktiven Gutenberg-Statue. Die Fortsetzung im Sommer 1848 endet übrigens nach zwei Abenden. Hatte Schurz bei Heinrich Bone den präzisen schriftlichen Ausdruck gelernt, so fördert Kinkel die rhetorische Begabung.

Der verehrte Professor lädt Schurz in seine Familie ein, wo der begabte Klavierspieler Kinkels Frau Johanna (1810–1858) kennen und schätzen lernt. Die literarisch und politisch interessierte Komponistin hat Gottfried Kinkel 1843 geheiratet, nachdem sie einen schwierigen Scheidungsprozess von einem noch schwierigeren Ehemann durchgestanden hatte. Schurz ist fasziniert von ihrem Klavierspiel, ihrem Humor, ihrer heiteren Lebensart. „Was sie sagte, pflegte den Zuhörer sofort zu fesseln. Nicht allein sprach sie über viele Gegenstände höherer Bedeutung mit tiefem Verständnis, großem Scharfsinn und auffallender Klarheit, sondern sie wusste auch gewöhnlichen Dingen, alltäglichen Vorkommnissen, durch ihre lebendige Darstellungsgabe ein eigentümliches Interesse zu verleihen." Im Hause Kinkel trifft sich regelmäßig ein Kreis literarisch, musikalisch und politisch interessierter Menschen. Schurz erinnert sich: „Man fühlte das Kommen großer Veränderungen, wenn man auch nicht erkannte, wie nahe es schon bevorstand. In dem Kinkelschen Kreise nun hörte ich manches klar ausgesprochen, was mir bis dahin nur mehr oder minder nebelhaft vorgeschwebt hatte."

Große Veränderungen in Europa

Die „großen Veränderungen", das sind die revolutionären Ereignisse von 1848 und 1849 in Europa. Im deutschsprachigen Raum werden sie sich vor allem in Berlin und Wien, in Sachsen, in der Pfalz und in Baden, aber auch in „Rheinpreußen" abspielen. Schurz rückblickend auf den revolutionären Beginn: „Was dem deutschen Volk die Erinnerung an den Frühling 1848 besonders wert machen sollte, ist die begeisterte Opferwilligkeit für die große Sache, die damals mit seltener Allgemeinheit fast alle Gesellschaftsklassen durchdrang. Das ist eine Stimmung, die, wenn sie auch zuweilen phantastische Übergriffe veranlassen mag, ein Volk in sich selbst achten, deren es sich gewiss nicht schämen soll. Es wird mir warm ums Herz, sooft ich mich in jene Tage zurückversetze."

Letzter Anlass für die in der Luft liegenden Unruhen in Deutschland ist die Pariser Februarrevolution, die den „Bürgerkönig" Louis-Philippe stürzt. In Bonn werden im März 1848 folgende Wünsche, „die den allgemeinen Drang des Volksgeistes ausdrückten", diskutiert. „In erster Linie die Berufung eines Nationalparlaments", so Schurz. Die Demokraten verlangen aber auch bürgerliche Freiheiten wie „freie Rede, freie Presse, freies Versammlungsrecht, Freizügigkeit, Gleichheit vor dem Gesetz, frei gewählte Volksvertretung mit gesetzgebender Gewalt, Minister-Verantwortlichkeit, Selbstverwaltung der Gemeinden, Bewaffnung des Volkes ..."

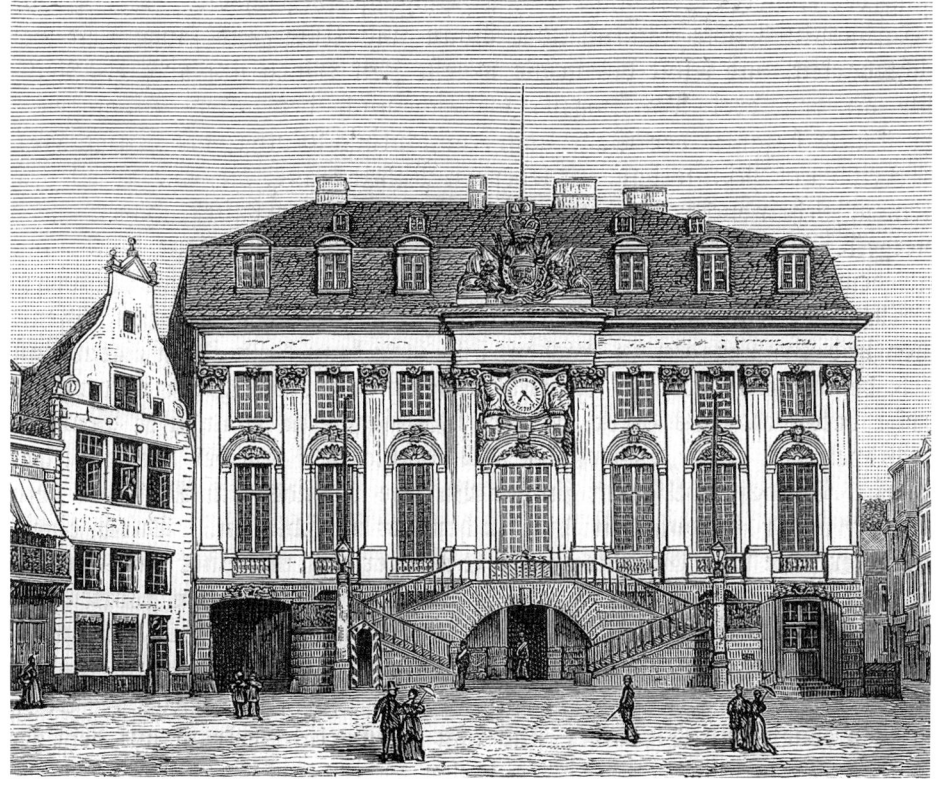

Das Bonner Rathaus.

Am 20. März 1848 kommt es in Bonn zu einer großen Volksversammlung vor dem Rathaus, auf dessen Treppe Gottfried Kinkel die begeisternde Ansprache hält, an die Theodor Heuss gut 100 Jahre später in seiner ersten öffentlichen Rede als Bundespräsident erinnern wird. Flankiert ist Kinkel von den Professoren Ernst Moritz Arndt und Friedrich Christoph Dahlmann, deren politische Haltung eher reserviert ist, wie sich später in der Frankfurter Paulskirche zeigen wird. Insgesamt gehören übrigens zehn Bonner Professoren der deutschen oder preußischen Nationalversammlung an.

Demokratischer Redner und Studentenführer

Im Demokratischen Verein, den Kinkel am 31. Mai gründet, ist Schurz der aktivste Helfer des Professors, der weiterhin seine Vorlesungen hält, während Schurz das Studium vernachlässigt. Am 26. Juni 1848 schreibt Schurz an Petrasch: „Was nun unsere politischen Ansichten und Richtungen angeht, so sind wir Hauptkerle samt und sonders geschworene Republikaner, aber alles mit Maß und Überlegung." Ein für Schurz charakteristischer Satz, der Grundsatztreue mit Augenmaß verbindet.

Nicht nur in Bonn, auch in der Umgebung sind die Demokraten als Redner tätig. In den Kreisen Bonn, Rheinbach und Sieg bilden sich 18 Filialvereine des Bonner Demokratischen Vereins. Als Agitatoren treten Kinkel und Schurz bei öffentlichen Versammlungen oder geheimen Treffen etwa in Bensberg und Neunkirchen im Bergischen Land, in Ahrweiler, Kessenich, Menden, Oberdollendorf und Siegburg auf. Schurz meldet am 18. September seinem Kommilitonen Louis Lehmann, dem er vor allem aus der Schweiz inhaltsreiche Briefe schreiben wird, „dass die Sache der Demokratie immer größere Teile der Bevölkerung umspannt und uns im Falle einer offenen Tat der bei weitem größere Teil des Stadt- und Landvolkes mit Gut und Blut zustehen würde". Dazu passt, dass die Kölner Regierung am 4. November 1848 nach Berlin meldet, der Bonner Demokratische Verein „sucht seine Wirksamkeit auch auf das umliegende platte Land, auf ziemliche Entfernung hin auszudehnen und die Ackerbau treibende Klasse für sich zu gewinnen". Schurz kümmert sich vor allem um studentische Belange.

In seiner ersten publizistischen Äußerung geht Schurz in der Bonner Zeitung vom 26. und 27. Mai 1848 auf die politischen Auseinandersetzungen zwischen Progressiven und Konservativen in der Studentenschaft ein. Sein Schlusssatz: „Wir

Am Tag des Dombaufestes tagen in Köln die rheinischen und westfälischen Demokraten.

21

müssen erst offene und ehrliche Feinde werden, ehe wir offene und ehrliche Freunde werden können." Kurz darauf schreibt er Petrasch: „Was unsere studentischen Bestrebungen angeht, so leben wir in einem solchen Schwall von Geschäften, Versammlungen, Wahlen usw., dass uns fast Hören und Sehen vergeht und uns nur sehr wenig Zeit bleibt, unsere Erfolge zu genießen." Am gesamtdeutschen Studententreffen vom 12. bis 16. Juni in Eisenach und auf der Wartburg nimmt Schurz nicht teil, da er wegen der unruhigen Zeit in Bonn bleiben will. Die Frankonia ist durch Ludwig von Weise vertreten. Schurz wird nach der Abreise der fünf Bonner Delegierten nach Eisenach provisorischer Präsident der allgemeinen Studentenschaft. Er erreicht zum 1. Juli den Rücktritt des als Kontrollorgan betrachteten außerordentlichen Regierungsbevollmächtigten Moritz August von Bethmann-Hollweg. Im Juli wird ein aus zwölf Personen bestehender Vorstand der Bonner Studentenschaft gebildet, dem Schurz und Lehmann angehören.

Beim Kongress der rheinischen und westfälischen Demokraten im August in Köln, ausgerechnet am Tag des aufwändig gefeierten Dombaufestes, erlebt Schurz einen Zusammenstoß mit dem wortmächtigen Karl Marx. Er bahnt sich an, als Kinkel vor rheinischen Alleingängen warnt, während Friedrich Engels die revolutionäre Bedeutung des Hasses der Rheinländer „gegen Beamten- und Stockpreußentum" betont. Kinkel erwidert auf eine längere Ansprache von Marx, dessen Anträge daraufhin von der Mehrheit abgelehnt werden. Schurz erlebt, wie der Kritisierte auf Widerspruch reagiert – und ist bestürzt: „Was Marx sagte, war in der Tat gehaltreich, logisch und klar. Aber niemals habe ich einen Menschen gesehen von so verletzender, unerträglicher Arroganz des Auftretens. Jeden, der ihm widersprach, behandelte er mit kaum verhüllter Verachtung. Jedes ihm missliebige Argument beantwortete er mit beißendem Spott über die bemitleidenswerte Unwissenheit oder mit ehrenrührigen Verdächtigungen der Motive dessen, der sie vorgebracht hatte."

In diesem August wird Schurz Sprecher der Frankonia, in deren Verfassungskommission er ein modernes Statut erarbeitet. Etwa zur gleichen Zeit wird er mit sechs anderen Bonner Studenten, darunter Lehmann, für das Herbsttreffen in Eisenach gewählt. Über Frankfurt am Main, wo er sich am 21. September mit Lehmann trifft und wo er Sitzungen der Deutschen Nationalversammlung besucht, reist Schurz nach Eisenach. Hier beraten zunächst 48, dann 74 Delegierte. Sowohl aus Frankfurt als auch aus Eisenach berichtet er für die Bonner Zeitung, in der seine Texte zwischen dem 23. September und dem 12. Oktober erscheinen.

In der vierten Sitzung am 26. September beantragt Schurz mit Erfolg, dass die Eisenacher Beschlüsse für alle deutschen Universitäten bindend sein sollen. In der neunten Sitzung wird er in die Kommission für Universitätsreformen gewählt. Am 30. September beantragt er die Verlängerung des Kongresses um drei Tage. Tags darauf wird Bonn zum „Vorort", zur federführenden Universität, gewählt. Schurz

Auf dem Weg zum Studentenkongress in Eisenach besucht Schurz die in der Frankfurter Paulskirche tagende Deutsche Nationalversammlung.

schlägt in dieser zehnten Sitzung bei der Diskussion um die Finanzierung der Universitäten vor: „Die Nation ist verpflichtet, die Universitäten zu erhalten." Zum Abschluss wird der Entwurf einer Universitätsverfassung diskutiert, der 15 Grundsätze enthält. Berichterstatter ist Carl Schurz. Nach der Annahme des Entwurfs geht der Kongress zu Ende. Seine Beschlüsse sollen der Deutschen Nationalversammlung und den zuständigen Ministerien der deutschen Staaten zur Kenntnis gebracht werden.

Schurz schreibt seinen mit 40 Seiten Umfang ersten größeren Text: „Der Studentencongress zu Eisenach am 25. September 1848, seine Bedeutung und Resultate". Am 10. Oktober berichtet er vor dem Demokratischen Verein über die Veranstaltung. Die Aktivitäten des agilen Studenten rufen die Neider auf den Plan. Im Bonner Wochenblatt vom 26. November erscheint ein Inserat, in dem der anonyme Auftraggeber darauf hinweist, Schurz sei noch gar nicht volljährig, aber offenbar qualifiziert, „die höheren Interessen der Stadt und des Staates zu wahren".

Zu ihrer ersten Sitzung trifft sich die „Vorortbehörde der Deutschen Studentenschaft" am 28. November in Bonn. Präsident ist Louis Lehmann. Das Protokoll, erhalten im Universitätsarchiv München, schreibt Carl Schurz. Ein dreiköpfiger Ausschuss aus den Studenten Ludwig Ziemsen, Franz Adams und Bernd Joseph Petry übernimmt die Geschäftsführung. Schurz berichtet über seine bisher erfolglosen Bemühungen um die Gründung einer deutschen Studentenzeitung. Daher sollen studentische Belange möglichst in einem Beiblatt zu einer bestehenden Zeitung behandelt werden. Am 30. November läuft im geschäftsführenden Büro die Meldung ein, dass sich in Halle ein Zweigverein der Deutschen Studentenschaft gebildet hat.

Am 1. Dezember wird in Bonn der Demokratische Studentenverein gegründet. Präsident ist natürlich Carl Schurz, Geschäftsführer der Jurastudent Eduard Winkelmann. Das Vereinsziel: „die Interessen der reinen Demokratie nach Kräften zu unterstützen und so viel als möglich zur Geltung zu bringen." Rektor und Senat interpretieren diese Absicht als „vorsichtige Bemäntelung". In Wirklichkeit gehe es um die rote Republik und den „gewaltsamen Umsturz des Bestehenden", heißt es in einer am 12. Dezember abgeschickten Stellungnahme an den preußischen Kultusminister Adalbert von Ladenberg. Im Senat wird am 27. Dezember erörtert, ob gegen Schurz eine Untersuchung eingeleitet oder disziplinarisch eingeschritten werden soll. Wegen der Gefahr von Demonstrationen wird darauf verzichtet.

Gottfried Kinkel in Berlin

Der preußische König Friedrich Wilhelm IV. hat am 5. Dezember 1848 eine Verfassung erlassen. Diese oktroyierte Konstitution garantiert zwar bürgerliche Grundrechte, kann aber jederzeit zurückgezogen werden. Um das Pro und Kontra wird im Wahlkampf zur zweiten Kammer des preußischen Landtags heftig gestritten. Im „Wahlprogramm für volkstümliche Wahlen" vom 15. Januar 1849 erheben die Demokraten aber auch sozialpolitische Forderungen. Bei einem Etat von 94 Millionen Talern seien die Staatslasten für das Volk untragbar. Ein Drittel des Haushalts verschlinge die Armee, ein zweites Drittel die Bürokratie. Notwendig seien aber ausreichende Mittel für Volksschulen und die Bildung von Gewerbe- und Ackerbauschulen, eine durchgreifende Steuerreform, Ausgleich der

Gehälter zwischen höheren und niederen Beamten, Unterstützung aller durch Alter und Krankheit erwerbsunfähigen Arbeiter.

Am 22. Januar 1849 finden die Urwahlen statt, in denen die Wahlmänner bestimmt werden. Am 5. Februar fällen die Wahlmänner ihre Entscheidung. Der Demokrat Kinkel erhält 236 Stimmen, sein konservativer Gegenkandidat, der Juraprofessor Johann Joseph Bauerband, 214. Für den Wahlkreis Bonn-Sieg ziehen noch der Gutsbesitzer Joseph Becker aus Ettinghausen im Siegkreis und der Beueler Fabrikant Gustav Bleibtreu ins Berliner Parlament ein. Alle drei zählen sich zur Linken, wie sie in ihrem Bericht „An unsere Wähler in den Kreisen Bonn und Sieg" betonen. Die rechte und die linke Seite des Hauses seien sich „ziemlich gleich".

Kinkel verabschiedet sich am 23. Februar in einer gemeinsamen Versammlung des Demokratischen Vereins und des Handwerkerbildungsvereins nach Berlin, wo die zweite Kammer zwischen dem 26. Februar und dem 27. April 37 Sitzungen absolvieren wird. Die drei votieren am 22. März für einen knapp angenommenen Antrag an den preußischen König, mit dem erreicht werden soll, „dass für alle seit dem 18. März 1848 begangenen politischen Verbrechen und Vergehen volle Verzeihung gewährt werden möge". In der Grundsatzdebatte über das preußische Heer am 23. März hinterfragt Kinkel die vorgeschlagene Formulierung: „Freudig erkennen auch wir, dass Preußens Heer in Tagen des Kampfes seinen Kriegsruhm, in schwereren Prüfungen seine Treue bewährt hat." „Große Unruhe", „Bravo" und „Zischen" verzeichnet das Protokoll bei Kinkels fulminanter Kritik. Man solle nicht von Treue sprechen, sondern von Rechtsbruch, allenfalls von Gehorsam. „Der Geist, den Sie im Heer schützen wollen, dieser Geist ist derselbe Geist, als dessen Opfer Robert Blum gefallen ist", erinnert Kinkel an die widerrechtliche Erschießung des Paulskirchen-Abgeordneten in Wien.

Am 27. April löst Friedrich Wilhelm IV. die zweite Kammer auf, weil sie die in der Paulskirche beschlossene Reichsverfassung für rechtsgültig erklärt hat. Bei der namentlichen Abstimmung am 21. April über die Frage, ob die in Frankfurt beschlossene Verfassung als rechtsgültig anerkannt werden soll, hatte Kinkel wie Otto von Bismarck mit Nein gestimmt. Kinkel war die Verfassung nicht weit genug auf seine demokratischen Vorstellungen eingegangen, Bismarck war sie zu entgegenkommend. Becker und Bleibtreu sagten Ja. Der Passus wurde mit 175 zu 159 Stimmen gebilligt.

Während Kinkels Berliner Zeit liegt die Hauptlast der Arbeit im Demokratischen Verein und bei der – seit Jahresbeginn 1849 so genannten – Neuen Bonner Zeitung bei Schurz. In diese Zeit fällt der Jahrestag der Pariser Februarrevolution. Trotz Verbot findet am 24. Februar eine Kundgebung statt, bei der sich Schurz im Hintergrund hält. Als gegen die Hauptakteure vorgegangen wird, protestieren am 2. März auf Initiative von Schurz mehr als 100 Studenten vor der Wohnung des

Rektors Johann Wilhelm Loebell, der daraufhin einlenkt. Aber auf Druck aus Berlin werden am 7. März Nathan Pappenheim und Philipp Wessel der Universität verwiesen, außerdem verurteilt man Bernhard Reimer zu 14 Tagen Karzer. Einsprüche gegen diese Urteile werden abgelehnt.

Am 20. März schreibt Schurz ganz begeistert an Kinkel: „Das ganze Treiben liegt hier so ziemlich unbedingt in meiner Hand und ich werde meinen Einfluss auszubeuten wissen." Weiter: „Die Aufregung ist hier permanent und Bonn die unruhigste Stadt am Rhein." Zwei Tage später berichtet er von seinen finanziellen Sorgen, bleibt aber hoffnungsvoll. „So lange uns unser Selbstgefühl nicht verlässt, sind wir nicht herunterzukriegen."

Fehlschläge in Siegburg und Elberfeld

In der Neuen Bonner Zeitung vom 2. Mai 1849 befasst sich Schurz mit den Motiven, die den preußischen König veranlassten, die ihm von der Deutschen Nationalversammlung angetragene Kaiserkrone abzulehnen. „Warum schlug er sie aus? Weil er mit den in der Verfassung garantierten Freiheiten nicht regieren zu können behauptet, weil er diese Freiheiten mit dem monarchischen Prinzip für unverträglich hält." Friedrich Wilhelm IV. habe Recht, kommentiert Schurz. Daher müsse sich das Volk zwischen Freiheit und Monarchie entscheiden. „Die Würfel sind gefallen; das Gericht der Geschichte hat die Wahl unabweisbar gemacht." Für Schurz, Kinkel und ihre Sympathisanten ist die Alternative eindeutig. Kinkel formuliert in der Neuen Bonner Zeitung vom 6. Mai, die Rettung heiße Republik, es gehe um „Untergehen oder Durchschwimmen, Knute oder Freiheitsmütze, Bürgerkrieg oder Einheit".

Am 9. und 10. Mai kommt es in Düsseldorf und Elberfeld zu Barrikadenkämpfen zwischen Bürgern und Militär – eine Folge des Aufrufs der Deutschen Nationalversammlung, die „Verfassung des Deutschen Reiches zur Anerkennung und Geltung zu bringen". Doch nur die kleinen deutschen Staaten werden diesem Aufruf folgen. Es beginnt das, was Friedrich Engels „Reichsverfassungskampagne" nennt. Das Elberfelder Landwehrkomitee kritisiert das „volksverräterische Ministerium Brandenburg-Manteuffel" in Preußen und ruft zum Kampf für die errungenen Rechte auf. Die Bonner wollen die Elberfelder dabei unterstützen und Waffen aus dem Siegburger Zeughaus dorthin bringen.

Die Bonner Landwehrmänner beschließen am Abend des 10. Mai im Gasthof Tesch am Remigiusplatz die Unterstützung der Barrikadenkämpfer. Noch in der Nacht ziehen etwa 120 unzulänglich bewaffnete Männer – es war mit viel mehr Teilnehmern gerechnet worden – unter Führung des ehemaligen preußischen Leutnants Fritz Anneke in Richtung Siegburg. Schurz war zuvor mit dem Wirt Friedrich Kamm sowie den Studenten Ludwig Meyer und Eduard Winkelmann im Boot auf die rechte Rheinseite gefahren und hatte die Fähre nach Bonn geschickt, um die erwartete Menge übersetzen zu können. Da die Aktion weder geheimgehalten werden konnte noch die Fähre nach dem Transport außer Betrieb gesetzt wurde, erreicht eine Dragonereinheit von 34 Mann zwischen Hangelar und Mülldorf die Bonner und treibt sie auseinander. Die meisten kehren nach Hause zurück, Kinkel und Anneke marschieren über Winterscheid und Lindlar nach Elberfeld. Am 11. Mai schreibt Kinkel seiner Frau von unterwegs: „Mit Bonn bin ich nun fertig und muss ein neues Leben anfangen."

Schurz, Kamm und Meyer versuchen am selben Tag in Siegburg vergeblich, die Landwehrleute zum Widerstand zu motivieren und doch noch das Zeughaus zu stürmen. Den Mitgliedern des Siegburger Demokratischen Vereins, die im Gasthof Reichenstein tagen, erzählt Schurz aufgrund von Gerüchten, in Bonn sei alles im Aufruhr und Oberbürgermeister Karl Edmund Joseph Oppenhoff habe

Mit der Fähre setzen die Bonner Revolutionäre nach Beuel über, um in Siegburg das Zeughaus zu stürmen.

27

man an einem Laternenpfahl aufgeknüpft. Als ihm entgegengehalten wird, das stimme doch nicht, wirft der zornige junge Mann seinen Hut auf den Tisch und schreit: „Jetzt werde ich selbst nach Bonn gehen und dort auf den Barrikaden sterben!" Er geht jedoch ebenfalls ins Wuppertal.

Der versuchte Zeughaussturm wird übrigens von der von Karl Marx geleiteten Neuen Rheinischen Zeitung als Erfolg dargestellt. In der Ausgabe vom 13. Mai heißt es unter dem Datum 11. Mai: „Heute morgen ist auch hier das Zeughaus genommen und geleert worden." Das Volk habe etwa 500 Gewehre, Pistolen, Säbel „etc" genommen, „als Dragoner von Bonn heransprengten". Das Volk habe die Gewehre geladen und „alsbald" habe sich das Militär zurückgezogen. In seinen Lebenserinnerungen kritisiert Schurz den Versuch schonungslos: „Unser Unternehmen hat nicht nur einen unglücklichen, sondern auch einen lächerlichen, schmachvollen Ausgang gefunden. Vor einer Handvoll Soldaten ist unsere mehr als dreifach starke Schar, die in der Dunkelheit die Pferde hätte scheu und die Reiter durch Steinwürfe hätte kampfunfähig machen können, ohne einen Schuss davongelaufen."

Die fehlgeschlagene Aktion wird ein juristisches Nachspiel haben. Gegen zehn Bürger wird am 19. Januar 1850 Anklage erhoben – die Kölnische Zeitung vom 3. Juni 1849 hatte noch 44 Teilnehmer am „Feldzug nach Siegburg" namhaft gemacht. Vom 29. April bis zum 2. Mai 1850 wird das Geschworenengericht in Köln tagen und nach einer brillanten Verteidigungsrede Kinkels alle freisprechen. Gegen keinen der Beschuldigten hätten „genügende Anzeigen für ein Attentat oder Komplott" vorgelegen, so das Gericht.

Mit Ludwig Meyer und dem Kaufmann Anselm Ungar gelangt Schurz wohl am 13. Mai nach Elberfeld, wo er aber Kinkel nicht mehr antrifft. Der schreibt nämlich schon am selben Tag, morgens um 6 Uhr, „auf dem Dampfboot bei Wesseling", seiner Frau und schimpft auf die Elberfelder. Dort werde „nichts geschehen"; „nichts" ist unterstrichen. „Keine Organisation, nicht ein fähiger Führer, aber so viele Dummköpfe am Ruder", beklagt er sich. „Das Volk selbst ist vortrefflich, aber nach drei Stunden hatten wir die vollständige und klare Überzeugung, dass alles verloren sei." Mit einem von dem Düsseldorfer Bürgerwehrchef Lorenz Cantador gemieteten Wagen fährt er nach Köln, dann per Boot nach Mainz, um in die Pfalz zu kommen.

Schurz kommt zu ähnlichen Erkenntnissen wie Kinkel und bleibt auch nicht lange. Am 14. Mai, als der Elberfelder Sicherheitsausschuss den aus dem benachbarten Barmen stammenden Friedrich Engels ersucht, „das Weichbild der städtischen Gemeinde noch heute zu verlassen", ist er mit Meyer per Dampfboot schon in Sankt Goarshausen angekommen. Hier logiert er beim Wirt Nathan, den er von früheren Ausflügen mit der Frankonia kennt. Von hier aus fährt Schurz einige Tage später nach Mainz, Meyer kehrt nach Bonn zurück.

Auf dem Weg von Elberfeld nach Mainz macht Schurz in Sankt Goarshausen Station.

Aufmarsch in der Pfalz

In Mainz hört Schurz, dass sich Kinkel nach Kaiserslautern aufgemacht hat, von wo dieser am 15. Mai stolz schreibt: „Man hat uns hier mit Gruß und Kuss empfangen, sehr im Unterschied zu Elberfeld." Anneke sei Kommandeur der Artillerie, er werde wahrscheinlich Leiter des Nachrichtenwesens. „Militärisch bin ich dem Studentenkorps zugeteilt." Kurz darauf berichtet Kinkel seiner Frau, die am 20. Mai die Redaktion der Neuen Bonner Zeitung übernimmt: „Der Landesausschuss hat uns, den politischen Flüchtlingen aus Rheinpreußen und Sachsen, ein Büro eingeräumt, um das offizielle Organ zu redigieren und eine lithographische Korrespondenz herauszugeben, welche an alle freien Zeitungen gehen soll."

Schurz wandert über Kirchheimbolanden, von wo aus er am 18. Mai für die Neue Bonner Zeitung berichtet, nach Kaiserslautern. In der „revolutionären Hauptstadt der Pfalz" sieht er am 19. Mai Kinkel wieder, der seiner Frau schreibt: „Schurz, der eben bei mir eintrifft, bringt mir die letzte Nachricht aus Bonn. Aus ihr ersehe ich, wie richtig ich kalkulierte, dass ich in der Nacht nicht mehr einkehrte." Damit bezieht er sich auf die Hausdurchsuchungen und Festnahmen nach dem fehlgeschlagenen Zeughaussturm.

Die Stimmung in der − zu Bayern gehörenden − Pfalz sieht der Speyerer Regierungspräsident Johann Baptist von Zenetti im Mai 1849 positiv für die Reichsverfassung, die der bayerische König Maximilian II. abgelehnt hatte. Das erbliche preußische Kaisertum finde allerdings keinen Anklang. Die Stimmung sei „von den Häuptern der Umsturzpartei zu ihren Zwecken reichlich ausgebeutet" und zur Bildung einer provisorischen Regierung benutzt worden.

Für diese am 17. Mai in der Fruchthalle von Kaiserslautern mit 15 von 28 Stimmen der pfälzischen Kantone beschlossene Regierung sind Kinkel und Schurz in verschiedenen Funktionen tätig. Die Bildung dieser Regierung wird in München als ein „Akt des Hochverrats" betrachtet und die Rheinpfalz als aufrührerische Provinz. Der Kommandierende des Königlich bayerischen Armeekorps im Westen, Generalleutnant Theodor Fürst von Thurn und Taxis, wird am 11. Juni die Vollmacht bekommen, „alle den Gesetzen und dem Kriegsrecht entsprechenden Mittel" zur Wiederherstellung der Ordnung anzuwenden. Der bewaffnete Kampf des Militärs gegen die schlecht ausgerüsteten rund 12.000 Verfassungsfreunde ist also vorhersehbar.

Doch noch ist Schurz optimistisch. „Der Geist im Volk ist der beste; das Militär tritt täglich massenhafter über", teilt er am 19. Mai aus Kaiserslautern den Lesern der Neuen Bonner Zeitung mit. „Alles hat einen guten, freudigen Gang, da die Begeisterung täglich wächst und sich nicht nur in Worten, sondern auch in Taten erweist." Er wird Leutnant im Stab des zum Artilleriechef ernannten Anneke, Kinkel wird einer der Sekretäre der provisorischen Regierung. Obwohl den fünf Verantwortlichen Martin Reichard, Nikolaus Schmitt, Theodor Greiner, Philipp Hepp und Peter Fuchs konkrete Aufgabenbereiche zugeordnet sind, geht es nicht besonders geordnet zu, wie der hessische Freischarenführer Ludwig Bamberger schildert: „In Wahrheit saß man nach wie vor von früh bis spät zusammen und nahm alles durcheinander und gemeinschaftlich vor. Dabei liefen die einzelnen Regierungsmitglieder jeden Augenblick weg, um irgendein kleines Geschäft, das in ihr Departement schlug, außerhalb zu besorgen."

Unzufrieden mit der praktischen Regierungsarbeit ist auch Kinkel. Am 22. Mai, als er und Schurz zu Vorstehern des Nachrichtenbüros ernannt werden, schimpft er: „Man oktroyierte mir auf mein Redaktionsbüro zwei neue Kräfte, ohne vorher mit mir Rücksprache zu nehmen." Seiner Frau schreibt er, er wolle lieber Feldjäger werden. Doch so weit kommt es nicht. Sowohl er als auch Schurz wirken bei Volksversammlungen mit, um die Bevölkerung im Sinn der Regierung zu beeinflussen. So erwähnt Regierungspräsident von Zenetti eine große Versammlung in Zweibrücken, „welche von Professor Kinkel geleitet wurde und unter der unteren Volksklasse große Gärung hervorrief".

Am 23. Mai schickt Kinkel „einen Trupp Sensenmänner in ein von Pfarrern aufgewiegeltes Dorf und gab Schurz als Kommissär mit, um die Ruhe wiederherzustellen". Schurz beschreibt diesen Einsatz als Aufpasser in seinen Erinnerungen in anekdotenhaften Zügen: Der katholische Pfarrer habe die jungen Leute vom Eintritt in die Volkswehr abgehalten und sollte deshalb verhaftet werden. Doch der Pfarrer alarmierte mit Glockengeläut die Dorfbevölkerung. Schurz bedrohte den Geistlichen mit der Pistole. So blieb diesem nichts anderes übrig, als die herbeigeeilten Bauern unter einem Vorwand wieder auf die Felder zu schicken. Als „kapitalen Spaß" musste er dann zur Kenntnis nehmen, dass die Schurzsche Pistole gar nicht geladen war. Der festgenommene Pfarrer sei nach einem positiven Bericht „bald wieder" nach Hause geschickt worden.

Wahrscheinlich war es aber kein katholischer Geistlicher, sondern der evangelische Pfarrer Johannes Schiller aus Iggelheim bei Speyer, mit dem sich dieser Zwischenfall ereignet hat. Dieser wird 1883 eine andere Version wiedergeben: „Weil die Gemeinde nicht von der Stelle wich, mussten die Sensenmänner endlich abziehen."

Die von Bayern zu Hilfe gerufenen Preußen überschreiten am 13. Juni mit dem I. Armeekorps, dem fast 20.000 Mann angehören, die pfälzische Grenze. General Moritz von Hirschfeld erlässt am selben Tag im Hauptquartier Baumholder einen Aufruf, in dem es heißt: „Den wohlgesinnten Bürgern verspreche ich Schutz und erwarte von ihnen kräftige Unterstützung bei Handhabung des Gesetzes und Herstellung der Ordnung." Die Aufrührer aber werde er mit starker Hand niederwerfen. Den in der Pfalz tätigen Preußen droht er eindeutig: „Ihr preußischen Untertanen aber, die Ihr durch Aufruhr und Verrat den preußischen Namen schändet und in den Reihen der Rebellen gegen Eure Brüder kämpft, Ihr seid dem Kriegsrecht unnachgiebig verfallen. Ihr habt die Todesstrafe verdient und sie wird Euch treffen nach dem Gesetz." In Berlin werden von Innenminister Otto von Manteuffel neben anderen Anneke und Kinkel namentlich genannt.

Der Rückzug der pfälzischen Truppen nach Baden geht Schlag auf Schlag. Schurz wird darüber und über seine weiteren Stationen in einem Brief aus Zürich am 26. Juni 1850 im Zeitrafferstil berichten: „In der Nacht auf den 15. Juni 1849 Marsch nach Neustadt, am 15. Juni Rekognoszierung und Sammlung der Truppen in Neustadt, am 16. Marsch nach Edesheim, am 17. Marsch nach Landau, am

18. Rheinüberquerung bei Knielingen, am 19. Dislokation der Truppen bei Karlsruhe, am 20. Marsch nach Friedrichsthal, am 21. Biwak bei Friedrichsthal, am 22. Marsch nach Bruchsal, am 23. Schlacht bei Ubstadt, am 24. Marsch nach Durlach, am 25. Reise nach Offenburg, am 26. so viel Ruhe, um zwei Zeilen mit Bleistift an meine Eltern schreiben zu können, am 27. Marsch nach Rastatt, am 28. Treffen bei Rothenfels, am 29. allgemeine Schlacht an der Murg, am 30. Schlacht bei Kuppenheim – und am 1. Juli waren wir so luftdicht abgeschlossen, dass keine Maus sich mit einem Brief durch den preußischen Zernierungskordon hätte durchschleichen können."

In der Festung Rastatt verbündet sich das Militär mit den Revolutionären.

Nach einer Militärmeuterei in der Bundesfestung Rastatt war Großherzog Leopold am 13. Mai 1849 geflohen. Am 3. Juni hatte es dann Wahlen für die 74 Sitze der konstituierenden Versammlung gegeben, bei der alle mindestens 21 Jahre alten badischen Männer stimmberechtigt waren und auch kandidieren konnten. Dies war das bisher freieste und demokratischste Wahlrecht in Deutschland. Auch die Wahl der „Provisorischen Regierung mit diktatorischer Gewalt"

32

am 13. Juni durch das Parlament war ein Novum. Als Dreiergremium wurden Lorenz Brentano, Amand Goegg und Maximilian Joseph Werner gewählt, zu denen noch Minister für bestimmte Aufgabenbereiche kamen – eine insgesamt gemäßigt demokratische Regierung.

Schurz kommt in Ubstadt zum ersten Mal „ins Feuer". Als alter Mann erinnert er sich: „Ich fühlte wenig oder nichts von jenen stürmischen, unwiderstehlichen Erregungen, die ich mir als unzertrennlich von einer Schlacht gedacht hatte, glaubte jedoch die Überzeugung gewonnen zu haben, dass ich mich unter ähnlichen Umständen immer werde anständig benehmen können." Entweder noch in Ubstadt oder bei einem Gefecht in der Nähe von Bruchsal wird Schurz verwundet und nach Offenburg gebracht, wo er sich mit dem österreichischen Reichstagsabgeordneten Hans Kudlich anfreundet. Ihn, Kinkel und den Freischarenführer August von Willich zählt er zu den erfreulichsten Männern der Revolutionszeit.

Noch begeisterter ist Schurz von dem polnischen General Ludwig Mieroslawski, seit dem 15. Juni Oberbefehlshaber der revolutionären Truppen. „In der ganzen pfälzisch-badischen Revolution habe ich nur einen Mann gefunden, der mir mächtig imponierte", eben Mieroslawski. Unter dessen Kommando haben an der Murg „nicht volle 10.000 Mann unserer Truppen einem Heer von 65.000 Mann Preußen und Reichssoldaten mit blutigem Erfolg in zwei Schlachten die Spitze" geboten. „Wo Mieroslawski persönlich kommandierte, war der Sieg." Leider sei er zu spät gekommen, um insgesamt den Sieg zu sichern. „Er konnte die Fehler derer unmöglich wieder gutmachen, die ihm vor seiner Ankunft ins Handwerk gepfuscht hatten."

Schurz trifft Kinkel, der am 19. Juni in Karlsruhe in die Kompanie Besançon Willichs eingetreten war, am 21. Juni zum vorläufig letzten Mal. „Ich ritt an die Front heran und reichte Kinkel die Hand, er drückte sie fest und lange, bis der Generalstab schon weit fortgeritten war." Am 29. Juni wird Kinkel von preußischen Ulanen in der Nähe von Malsch verwundet und gefangengenommen.

Das militärische Ende in Rastatt

Zu den rund 5500 Soldaten, die am 1. Juli von preußischen Truppen in Rastatt eingeschlossen werden, gehört auch Schurz, der Anneke vergeblich in der Festung gesucht hatte. Er stellt sich im Hauptquartier, dem Schloss, dem Festungskommandanten Gustav Tiedemann zur Verfügung, der ihn in seinen Stab aufnimmt.

Die Bundesfestung Rastatt in Baden, zwischen Rhein und Schwarzwald gelegen.

Schurz und sein Bursche Adam werden in ein Haus an der Hauptstraße – heute Kaiserstraße! – einquartiert. Er tauscht seine malerische Freischärlertracht mit der Uniform eines badischen Infanterieleutnants und beobachtet vom Schlossturm die Bewegungen der preußischen Truppen oder inspiziert Wälle, Tore und Wachtposten. Im Ahnensaal des Barockschlosses, in dem der Kriegsrat tagt, entdeckt er im Deckengemälde in der Figur der Pallas Athene vermeintlich seinen Bonner Schwarm Betty und erinnert sich an zwei Briefe, die er in der Pfalz „von einer jungen Dame, die ich in Bonn zuweilen sprach," erhalten hat. Außerdem habe er, wie er Louis Lehmann schreibt, „in rosenfarbenes Papier eingeschlossen" einen Geldbeutel geschenkt bekommen mit dem Wunsch: „Wenn Du in den Kampf gehst, so trage dies kleine Geschenk auf der Brust, damit die Kugel, welche Dein Herz erreichen will, gehemmt werde durch das Werk, das mein Herz die Hände bilden ließ."

Über seine Stimmungslage informiert ein weiterer Brief an Lehmann: „Eines Tages nun schritt ich fast gedankenlos in meinem vornehmen Zimmer auf und ab, und siehe da, es überkam mich eine Art von Laune. ‚Du bist nun schon fast zwei

Monate Leutnant, ja, Oberleutnant!', sagte ich zu mir selbst. ‚Warum zeigst Du Dich nicht Deines Standes würdig? Bist Du nicht 20 Jahre alt? Ist nicht während des Feldzugs Dein Schnurrbart zu einer imponierenden Sichtbarkeit herangereift? Hast Du nicht die feinste Taille der Garnison, wenn Du nur Dein Säbelkoppel um zwei Löcher enger schnallst? Wie kommt es denn, dass Du bisher noch nicht daran gedacht, Dein Glück in der schönen Welt zu versuchen? Auf denn! Lass Deinen Braunen satteln.‘ Meinem Burschen befahl ich, den Braunen auf den Schlosshof zu führen, voll von dem Vorsatz, mich meines Standes würdig zu zeigen." Solche Ausritte durch die eingeschlossene Stadt unternimmt er mehrfach in jugendlichem Übermut. „Aber das konnte nicht lange so bleiben, denn die Preußen wollten herein, und es kamen die bitteren Tage der Kapitulation."

Der preußische Kronprinz Wilhelm vor Rastatt.

Von diesen letzten Tagen berichtet auch die Demokratin Mathilde Franziska Anneke, die ihren Mann begleitet, in ihren „Memoiren einer Frau aus dem badisch-pfälzischen Kriegszug". Sie erlebt vom Festungswall aus „das mörderische Schauspiel, die Flammen, gespieen aus tausend Feuerschlünden, den rollenden Kanonendonner, den die Berge in vielfachem Echo zurückgaben." Ihr Mann steht zusammen mit Mieroslawski mitten im Feuer. Er schickt Schurz in die Festung, um Munitionsnachschub zu organisieren, doch der Feind verhindert den Rückweg.

Die Flucht in die Schweiz

Am 23. Juli 1849 unterwirft sich die Besatzung „auf Gnade und Ungnade Seiner Königlichen Hoheit, dem Großherzog von Baden" und ergibt sich den vor der Festung stehenden Truppen. Schurz: „Schon rasselten die Trommeln zum letzten Mal unter dem Fenster meines Quartiers in der Stadt vorbei." Doch als am Nachmittag die preußischen Truppen die Festungsbesatzung in Empfang nehmen, ist er nicht dabei. Er beginnt mit seinem Burschen Adam und dem preußischen Artillerieoffizier Albert Neustädter, dem er in den USA wieder begegnen wird, die Flucht durch den Abwasserkanal und durch den offenen „Stinkgraben" zum Hasenwäldchen außerhalb der Festungsmauern. Knapp fünf Tage dauert diese Flucht wegen abenteuerlicher Zwischenfälle: anstrengendes Schleichen in gebückter Haltung, Kampf gegen das nach Regengüssen steigende Wasser, Beseitigung eines Gitters, Zwischenaufenthalt in einer Scheune, in der Militär einquartiert ist, heimliches Besorgen von Verpflegung, mehrfache Gefahr der Entdeckung. Nach bangen Tagen setzen die Flüchtlinge bei Steinmauern über den Rhein nach Münchhausen und sind im Elsass, das zu Frankreich gehört.

Schwester Toni berichtet aus der Sicht der in Bonn lebenden Familie: „Wir hörten nur selten von Carl, und das auf langen Umwegen, da die Post alle verdächtigen Briefe mit Beschlag belegte. Als Rastatt von den Preußen eingenommen war, meldeten die Zeitungen täglich, dass die Führer der Revolution dem Tod verfallen seien. Da entschloss sich der Vater, nach Rastatt zu gehen und zu versuchen, Carl seiner großen Jugend wegen vor dem strengsten Urteil zu schützen. Er war gerade abgereist, als ein Brief von Carl ankam, in welchem er Abschied von den Eltern nahm, da er wahrscheinlich mit den anderen Offizieren erschossen werde, vielleicht schon nicht mehr am Leben sei, wenn der Brief bei ihnen ein-

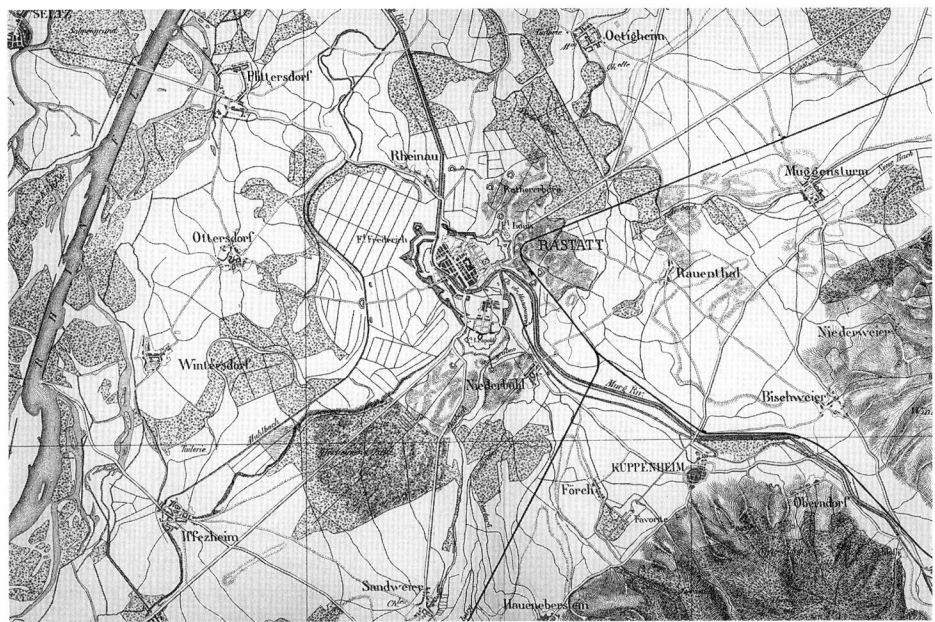

Rastatt und Umgebung mit dem nahen Rhein, der die Grenze zu Frankreich bildet.

treffe. O, wie entsetzlich waren die Tage, die nun folgten. Da kam nach einer Woche ein anderer Brief von Carl aus der Schweiz mit der frohen Nachricht, dass er gerettet sei." Auch Mathilde und Fritz Anneke gelingt die Flucht nach Frankreich – durch ein noch offenes Stadttor.

Während Vater Christian vergeblich seinen Sohn sucht und dabei in den Rastatter Kasematten auf den gefangenen Kinkel trifft, sind die Flüchtlinge zu Fuß in Richtung Süden unterwegs. In Straßburg kehren sie im „Rebstock" ein, auch später ein Treffpunkt deutscher Revolutionäre. Bursche Adam kehrt in der Hoffnung auf Straflosigkeit in seine pfälzische Heimat zurück. Schurz und Neustädter fahren mit der Eisenbahn in Richtung Basel, steigen aber kurz vor der Schweizer Grenze aus, weil sie offiziell nicht einreisen dürfen. Zu Fuß überqueren die beiden nachts auf Schmugglerpfaden die Landesgrenze. Neustädter wandert weiter nach Bern, während Schurz im grenznahen Dornachbruck vergeblich alte Bekannte wie Anneke sucht. Nach einigen Tagen taucht der Bonner Frankone Adolf Strodtmann auf, der ihn über die Lage in Bonn informiert. Beide ziehen zu Fuß und mit einer Kutsche nach Zürich weiter, wo sie am 11. August eintreffen. Hier sehen sie Anneke wieder und andere revolutionäre Militärs wie Friedrich von Beust, Alexander von Schimmelpfennig und Gustav Adolph Techow.

Schurz bewohnt im Dorf Enge bei Zürich ein kleines Zimmer. Nach der Abreise von Strodtmann wird er „recht sehr krank, wohl drei Wochen lang". Er möchte nicht vom Geld der Eltern leben, das Strodtmann mitgebracht hatte, sondern selbst Geld verdienen und Nachhilfeunterricht geben. Da sich diese Pläne zerschlagen, will er sein Tagebuch mit den Erlebnissen von Rastatt verlegen lassen. Auch daraus wird nichts. Doch mehrere ausführliche Beiträge „nach meinem Tagebuch" verfasst er im August und September für die Neue Bonner Zeitung. Er schreibt auch für die Westdeutsche Zeitung in Köln, die sich als Nachfolgerin der Neuen Rheinischen Zeitung versteht. Schurz treibt militärische und historische Studien, etwa über die Schlacht bei Sempach (1386) und über die Reformationszeit, um vielleicht an der in Zürich geplanten Universität Privatgelehrter werden zu können. Im Winter zieht er in ein bequemes Quartier bei Kaufmann Dolder in Zürich.

In der Schweiz fühlt sich Schurz anfangs nicht besonders wohl. Oft spreche er keine fünf Worte am Tag. Es sei ihm unmöglich, mit den Leuten hier in ihrem „Züridütsch" zu schwatzen, schreibt er am 1. Oktober. Allerdings sei die Natur hier wundervoll. Er habe nicht versäumt, sie zu genießen. Am 25. November sieht er seine Umwelt freundlich: „Ich habe mich hier mit einem kleinen Kreis geistvoller und edler Menschen enger zusammengeschlossen und freundschaftliche Verhältnisse angeknüpft, die mir ebenso angenehm als nützlich sind." In Zürich lernt er auch Richard Wagner kennen, den er menschlich nicht besonders schätzt, von dessen Musik er jedoch so begeistert ist, dass er später in den USA Felsbrocken im Garten seines Sommersitzes nach Wagners Opernhelden benennt.

In einem Rückblick auf die Kämpfe in der Pfalz und in Baden kritisiert Schurz schonungslos die demokratischen Führungskräfte. „Der Einzelkampf persönlicher Interessen, das ekelhafte Intrigenspiel niedrigen Ehrgeizes, der, ohne von eminenten Geisteskräften etwa zu einem gewaltigen Fluge befähigt zu sein, seine Zwecke mit kleinen, gehässigen Mitteln verfolgte, die kolossalste, aber prätentiöseste Unfähigkeit in den wichtigen Ämtern, schmutziger Eigennutz auf Kosten des allgemeinen Wohls, die lächerlichste Eitelkeit der Gewalthaber, all diese Dinge konnten nur dazu dienen, dem edleren Charakter jede Bewerbung um eine einflussreiche Stellung zu verleiden." Dass das Scheitern der Revolution nicht nur darauf, sondern auch auf die Überlegenheit des langjährig geschulten Militärs zurückzuführen ist, stellt Friedrich Engels fest: „Die Streitkräfte haben den Vorteil der Organisation, Disziplin und herkömmlichen Autorität ganz auf ihrer Seite; kann man nicht große Gegenmächte dagegen aufbringen, so wird man geschlagen."

Schurz muss miterleben, dass der lange Arm der preußischen Polizei und ihrer Spitzel bis in die Schweiz reicht. Ein guter Bekannter, der als ehemals preußischer Major in Mieroslawskis Generalstab tätig war, wird in Zürich vor die Polizei geladen. „Er lebte unter fremdem Namen hier, und man hatte längere Zeit nach ihm gesucht, ohne ihn finden zu können." Plötzlich hätten die Schweizer Behörden einen Brief aus Berlin bekommen, in dem mitgeteilt wurde, „dass der Betreffende unter dem und dem Namen in dem und dem Haus wohne". Der muss sich sofort entscheiden, ob er über Genua nach Griechenland oder über Le Havre nach England oder Amerika ausgewiesen werden will – immerhin nicht über Basel nach Baden, das immer noch von preußischen Truppen besetzt ist. In der Neuen Bonner Zeitung vom 1. März 1850 schreibt Schurz: „Die Ausweisungen werden jetzt auf die hartherzigste Weise exekutiert."

Trotz solcher Erlebnisse bleibt er hoffnungsvoll. „Mein Mut ist nicht erschüttert, und meine Überzeugungen sind nicht schwankend geworden, denn der schöne Glaube steht noch fest in mir, dass die Tage meines Lebens, von denen ich nicht weiß, ob sie verloren sind, nicht zu Jahren anwachsen werden." In seinen Lebenserinnerungen wird er freilich auch auf die illusionären Aspekte jener Hoffnungen zu sprechen kommen: „In jeder Zeitung gelang es uns, Nachrichten zu finden, die auf den unvermeidlichen und baldigen Ausbruch einer neuen Revolution klar hindeuteten. Es war gewiss, dass wir bald triumphierend in das Vaterland zurückkehren und dann als Vorkämpfer und Märtyrer unserer siegreichen Sache die Helden des Tages sein würden. Warum sollte man sich da Sorgen um die Zukunft machen?"

III. | Gottfried Kinkels Befreiung

Die Rache der Sieger

Für eine riskante Aktion, die ihn fast das ganze Jahr 1850 über beschäftigt, braucht Schurz viel Mut, Phantasie und solidarische Hilfe. Es geht um die Befreiung seines Lehrers und Freundes Gottfried Kinkel. Dieser war nach seiner Festnahme zunächst in den Kasematten von Rastatt, dann im Rathausturm von Karlsruhe eingesperrt worden. Hier durfte ihn seine Frau Anfang Juli 1849 besuchen. Am 13. Juli 1849 schrieb Kinkel seiner Frau, er sei „nicht als Preuße, sondern nach dem badischen Gesetz" verhört worden, am 24. Juli teilte er ihr mit, ihm sei „nach dem preußischen Kriegsrecht ein Defensor zugegeben worden in der Person des badischen Auditors Dr. Hepp, der mit Zuvorkommenheit meine schriftliche Verteidigung übernommen hat". Seine Zelle teile er mit dem evangelischen Pfarrer und Dekan Georg Friedrich Schlatter, der Alterspräsident der Verfassunggebenden Versammlung war.

Gottfried Kinkel als Sträfling. Abbildung aus der in Leipzig erscheinenden Zeitschrift „Der Leuchtthurm".

In der Zwischenzeit lag eine Vereinbarung zwischen Baden und Preußen vor, die am 17. Juli protokolliert wurde: „Da infolge der Auflösung der badischen Armee" – am 14. Juli – „die Besetzung der Kriegsgerichte durch badische Offiziere und Gemeine nicht möglich ist, so stellt das königliche Oberkommando auf Ansuchen des Großherzogs das Personal aus den Reihen der königlichen Armee." Diese Kriegsgerichte urteilten aber nach unterschiedlichem Recht. Die badischen sprachen sowohl in formeller als auch in materieller Beziehung „nach den Gesetzen des Großherzogtums Baden Recht". Die preußischen urteilten „über preußische Staatsangehörige nicht anders als nach preußischen Gesetzen".

Ab Ende Juli gab es Differenzen wegen der vereinbarten Regelungen. Am 4. September teilte Kronprinz Wilhelm dem preußischen Kriegsministerium den Wunsch Badens mit: „Die Teilnehmer der Rebellion sollen der Gerichtsbarkeit der großherzoglichen Behörden nicht länger entzogen werden." Die Todesurteile waren bis dahin aber längst vollstreckt worden. Die Auffassung des Kronprinzen teilte auch der preußische Außenminister Alexander Freiherr von Schleinitz, der am 5. Oktober die fremde Gerichtsbarkeit als Ausnahmefall ansah, der nur so lange gelten könne, wie das betroffene Land, also Baden, damit einverstanden sei. Die großherzogliche Regierung habe schon „vor mehreren Wochen darauf angetragen", dass die preußischen Kriegsgerichte ihre Tätigkeit in Baden einstellen sollten.

Die allem Kriegsrecht Hohn sprechende Rache der preußischen Sieger war inzwischen furchtbar gewesen. Allein in Rastatt wurden 19 Todesurteile vollstreckt. Zwischen dem 6. August und dem 20. Oktober sind unter anderem Festungskommandant Tiedemann, weitere Offiziere, aber auch einfache Soldaten erschossen worden. Hunderte von Freiheitskämpfern gingen in den Rastatter Kasematten elend zugrunde.

Das Urteil

Auch Kinkel als preußischem Untertan drohte der Tod. Er stand am 4. August 1849 vor dem preußischen Kriegsgericht in Rastatt, das ihn nicht, wie allgemein erwartet, zum Tod, sondern zu lebenslanger Festungshaft verurteilte. Unzufrieden mit diesem Richterspruch ließ ihn Moritz von Hirschfeld, kommandierender General des in Baden eingesetzten I. Armeekorps, in Berlin überprüfen. König Friedrich Wilhelm IV. habe „aus Gnaden die Bestätigung des Erkenntnisses mit der Maßgabe zu befehlen geruht, dass Kinkel die Festungsstrafe in einer Zivilanstalt verbüße", teilte der General am 30. September mit.

Kinkel wurde nach einem Zwischenaufenthalt im Gefängnis Bruchsal ins Zuchthaus Naugard in Pommern gebracht. Von dort schreibt er am 12. April 1850 seiner Frau und rät von einem geplanten Besuch ab. „Die Ursache wirst Du, wie man mir zusagt, erfahren." Kinkel wird nämlich nach dem Prozess wegen des versuchten Siegburger Zeughaussturms, für den er sich vom 14. April bis zum 6. Mai im Kölner Justizarresthaus aufhalten muss, ins Zuchthaus Spandau überführt. Eine Begründung erfährt er nicht. „Hauptmann Patzke deutete mir bloß an, man wünsche mich mehr in der Nähe zu haben", berichtet er seiner Frau am 20. Mai.

In Baden ist Kinkel nicht zum Tod verurteilt worden, aber in der Pfalz – allerdings in Abwesenheit. Er kommt vor in der „Anklag-Akte, errichtet durch die Königliche General-Staatsprokuratur der Pfalz, nebst Urteil der Anklagekammer des Königlichen Apellationsgerichtes der Pfalz in Zweibrücken vom 29. Juni 1850, in der Untersuchung gegen Martin Reichard, entlassener Notär in Speyer, und 332 Konsorten wegen bewaffneter Rebellion gegen die bewaffnete Macht, Hoch- und Staatsverrat etc." Diese umfangreiche Klageschrift liest sich wie ein „Who's who" der Revolution. Schurz kommt darin allerdings nicht vor, Kinkel mehrmals. Dieser gehört zu den 76 – allesamt abwesenden – Angeklagten, die Ende September 1851 zum Tod verurteilt werden.

1878 wird er in Vorträgen an die rechtlich fragwürdigen Kriegsgerichtsurteile in Baden erinnern: „Wenn man anderswo einen Rebellen vor ein Kriegsgericht stellt, das nicht nach dem Gesetzbuch des Staates richtete, in welchem der Aufstand versucht wurde, sondern nach einem fremden und strengen, und wenn man ihn dann auf Grund dieses Gesetzbuches erschoss, war das kein Justizmord?"

Ob Carl Schurz jemals in Deutschland verurteilt wurde, ist fraglich. Wegen des Siegburger Zeughaussturms wurde er ja freigesprochen. Zwar wird am 16. Januar 1851 aus Paris gemeldet, Schurz sei „wegen Teilnahme an der Plünderung des Siegburger Zeughauses und dem Aufstand in Baden zum Tod" verurteilt. Ebenso wird in einem Verzeichnis deutscher Flüchtlinge, das bei der Polizeikonferenz vom 14. bis 17. Juni 1858 in München vorlag, behauptet, Schurz sei ein „Flüchtling aus den Rastatter Kasematten und zum Tod verurteilt", doch diese ungenauen Angaben – weder wurde das Zeughaus wirklich geplündert noch floh Schurz aus den Kasematten – bestärken die Zweifel. In der Anklage der Oberstaatsanwaltschaft Berlin vom 12. September 1851 wegen der Befreiung Kinkels ist bei Schurz vermerkt: „noch nicht bestraft".

In den 1854 veröffentlichten „Personalien der in den Kommunisten-Untersuchungen vorkommenden Personen" wird Schurz zwar ausführlich als „eifriger Emissär einer von der Schweiz aus geleiteten kommunistischen Verbindung" vorgestellt, auch eine Personenbeschreibung wird gegeben – besonderes Kennzeichen: „pflegt eine Brille zu tragen" –, doch eine Bestrafung wird nicht auf-geführt. Im „Anzeiger für die politische Polizei Deutschlands" von 1855 wurde Schurz ohne Angabe einer Bestrafung als „Befreier des Hochverräters Kinkel und sehr gefährlicher Revolutionsmann" charakterisiert. Übrigens wird am 28. Dezember 1861 allen Polizeibehörden der Rheinprovinz die Aufforderung aus Berlin zugehen, „der Durchreise des Schurz kein Hindernis in den Weg zu legen".

Die Befreiungsaktion

Was die deutsche Polizei als kommunistische Verbindung bezeichnet, ist als „Revolutionäre Zentralisation" bekannt. In dieser lockeren Dachorganisation, so der sozialistische Historiker Franz Mehring, mischen sich sehr unterschiedliche Tendenzen. Ihr gehören einzelne Mitglieder des Kommunistenbundes und „harmlose Schoppenstecher der süddeutschen Demokraten" an – ein „Generalstab ohne Soldaten". Doch für Carl Schurz ist diese Organisation eine gute Tarnung. Er lässt sich als Emissär in geheimer Mission nach Deutschland schicken, um Kon-takte herzustellen und zu pflegen. Marx und Engels lästern in der Ansprache der Zentralbehörde an den Bund der Kommunisten vom Juni 1850, Studiosus Schurz richte nichts aus, „weil, wie er nach Zürich schrieb, ‚er alle brauchbaren Kräfte schon in Händen des Bundes gefunden' hat". Vom „Bummler Schurz" ist in Kommunistenkreisen die Rede. So schreibt es zumindest der Schriftsteller Ernst Dronke am 18. Juli 1850 an Engels.

In Wirklichkeit ist Schurz erfolgreich unterwegs, allerdings weniger wegen der Revolutionären Zentralisation, sondern mehr für Johanna Kinkel, die ihn im Februar 1850 brieflich auf die schweren Haftbedingungen ihres Mannes aufmerk-sam gemacht hat, aus denen er befreit werden müsse. Wer, wenn nicht Carl Schurz, kann dieses Husarenstück, ähnlich der eigenen Befreiung, riskieren? Zufall oder nicht: Am 24. März schreibt Amalie Struve, die Frau des badischen Revo-lutionärs Gustav Struve, an Johanna Kinkel: „Glauben Sie mir, verehrte Frau, Sie werden nicht lange mehr von Ihrem Gatten getrennt sein." Das ist eher ein rheto-rischer Trost, denn Frau Struve kann nicht mehr wissen als Frau Kinkel, die den Befreiungsplan angeregt hat.

Zunächst besorgt sich Schurz den Reisepass seines Vetters Heribert Jüssen vom Mönchhof in Lind in der Bürgermeisterei Efferen, 1888 nach Köln ein-gemeindet. Das Signalement der beiden stimmt in allen wesentlichen Punkten

Die Garnisons- und Festungsstadt Spandau.

überein. So verschwindet Schurz Mitte März 1850 plötzlich aus Zürich, nicht ohne am 12. März Louis Lehmann brieflich um ein Treffen im Emigrantenlokal „Rebstock" in Straßburg zu bitten, das aber wohl nicht zustande kommt.

Über Frankfurt am Main und das Rheintal gelangt Carl Schurz nach Bonn, wo es ein nächtliches Wiedersehen mit seinen Eltern gibt. Johanna Kinkel, die als einzige den wahren Grund seines Aufenthaltes kennt, berichtet am 8. Mai einer Freundin: „Schurz war hier. Die halbe Stadt wusste es, aber niemand verriet ihn an die Polizei." Johanna Kinkel hat nicht nur alle Hebel für eine relativ milde Bestrafung ihres Mannes in Bewegung gesetzt, sie ist auch die treibende Kraft für seine Befreiung und die Finanzierung dieser Aktion.

In Köln trifft sich Schurz mit dem „roten Becker", der vor allem wegen seiner Haare und seiner rotgeränderten Augen so genannt wird. Aber auch politisch trifft dies noch auf den Redakteur der Westdeutschen Zeitung zu. 1852 wird er zu den Angeklagten im Kölner Kommunistenprozess gehören, später wird er als Nationalliberaler Oberbürgermeister von Köln. Mit Hermann Heinrich Becker reist Schurz per Bahn zu dem am 15. Juni in Braunschweig stattfindenden Kongress von etwa 170 demokratischen Publizisten und Politikern, bei dem der Deutsche Pressverein zur Unterstützung und Förderung der entschieden demokratischen Presse gegründet wird. Bei dieser Gelegenheit lernt er den Mecklenburger Moritz Wiggers kennen, der bei Kinkels Flucht behilflich sein wird. In Bielefeld trifft er mit dem demokratisch gesinnten Fabrikanten Rudolf Rempel zusammen. Seinem Vetter Heribert Jüssen widmet er am 6. Juli im „Asyl Lind" eine Lithographie mit seinem Bild.

Nicht nur in Deutschland ist Schurz kreuz und quer unterwegs. Er reist auch über Brüssel nach Paris, wo er sich während des Zeughaus-Prozesses aufhält. Möglicherweise passt in den Sommer 1850 auch eine Überlieferung, die in Nonnenhorn, am bayerischen Teil des Bodensees, erzählt wird: Schurz sei auf der Flucht von Rastatt in die Schweiz nach Nonnenhorn gekommen. Der spätere Bürgermeister Conrad Forster, damals Schriftführer des Lindauer Märzvereins, habe ihn über den See in die Schweiz gerudert, nachdem er anrückende bayerische Truppen mit Seewein außer Gefecht gesetzt habe. Der Nonnenhorner Heimathistoriker Wilhelm Gierer hat das abenteuerliche Geschehen unter dem Titel „Die Flucht" in ein Theaterstück gefasst, das 1984/85 erfolgreich aufgeführt wird. Ein Blick auf die Landkarte zeigt, dass ein solcher Fluchtweg höchst unwahrscheinlich ist. Denkbar ist allerdings, dass Schurz von der Schweiz aus illegal in Deutschland war und der Rückweg über Nonnenhorn führte.

Am 11. August trifft Schurz in Berlin ein, um von hier aus die Situation rund um das Spandauer Zuchthaus zu erforschen. Er kommt bei zwei Bonner Frankonen in der Markgrafenstraße 26 in Berlin-Mitte unter. Über den in Moabit lebenden Arzt Dr. Ferdinand Falkenthal, bei dem er ab September wohnt, knüpft er Kontakte mit Friedrich Krüger, der in Spandau Ratsherr ist und die Gaststätte „Deutsches Haus" betreibt. Hier kehren auch Aufseher des Zuchthauses ein. In dem großen zweiflügeligen Gebäude sind rund 900 Gefangene in Haft, die von 28 Aufsehern bewacht werden. Das Gebäude grenzt an vier Straßen, unter anderem an die Potsdamer Straße, heute Carl-Schurz-Straße. Parallel dazu verläuft die Jüdenstraße, die lange Jahre Kinkelstraße hieß. Eine gewaltsame Befreiung Kinkels aus der von Soldaten wimmelnden Garnisons- und Festungsstadt ist unmöglich. Es bleibt der Versuch, mit Helfern innerhalb des Zuchthauses den Professor und Dichter in die Freiheit zu bringen.

Schurz weiht Krüger in seinen Plan ein. Beide testen bei mehreren Aufsehern die Bereitschaft, Kinkel zu helfen. Kontakte knüpfen auch Bekannte Krügers, der Bäckermeister Wilhelm Leddihn und der Nagelschmiedemeister August Poritz. Beim Ein- und Ausschmuggeln von Kassibern oder bei der Versorgung mit besserem Essen wollen etliche Aufseher mitmachen, aber nicht bei einer Flucht. Um

Kinkel bei Kräften zu erhalten, besorgt ein Wärter – Schurz nennt ihn in den Lebenserinnerungen „Schmidt", in Wirklichkeit ist es ein Nachtaufseher namens Knöfel – gutes Essen und vermittelt einen geheimen Briefwechsel. Auch der Hilfsaufseher Carl Friedrich Beyer und einige andere lassen sich für Hilfsdienste gewinnen. Schließlich erklärt sich Georg Brune zur Mithilfe bei den Fluchtplänen bereit, unter anderem deshalb, weil Schurz die finanzielle Versorgung der Familie nach einer eventuellen Verhaftung Brunes zusagt.

Um die Beschaffung der Geldmittel hat sich in der Zwischenzeit Johanna Kinkel gekümmert. Später wird die Gesamtsumme auf 9000 bis 30.000 Taler beziffert, aufgebracht von Demokratischen Vereinen, vor allem aber von Kinkels Verehrerin Marie Baronin Bruiningk, einer wohlhabenden Baltin. Sie hatte Kinkel schon am 24. Dezember 1849 nach Naugard geschrieben: „Von der Stunde an, da ein feindliches Geschick Sie verhinderte, für Weib und Kind zu sorgen, war es die Pflicht Ihrer Freunde, es zu tun." Am 20. Oktober 1850 muntert sie Kinkel geheimnisvoll auf: „O, in Ihre öde Stille wollen treue Geister Ihnen zu mit Liebes- und Lebensgrüßen." Ein großer Teil des Geldes ist bei Rebecka Dirichlet deponiert, einer Schwester des Komponisten Felix Mendelssohn Bartholdy, wo es Schurz in Empfang nimmt. Den Aufsehern Brune und Beyer hat er für die Befreiung Kinkels jeweils 400 Taler versprochen, „wenn der Plan zur Ausführung kommt".

Die Flucht Kinkels aus dem Zuchthaus in Spandau. Gemäldereproduktion aus der amerikanischen Ausgabe der Lebenserinnerungen von Schurz.

In der Nacht vom 5. auf den 6. November startet Schurz den Befreiungsversuch, nachdem er kurz zuvor noch in einer Zigarrenkiste das zur Versorgung Brunes bestimmte Geld übergeben hatte. Doch der Schlüssel von Kinkels Zelle hängt nicht am gewohnten Platz im Spind der Revierstube. Polizeiinspektor Friedrich Semler hatte ihn aus Versehen mitgenommen. Die Befreiungsaktion wird abgeblasen. Schurz und einige Helfer reisen die Stationen auf dem geplanten Fluchtweg ab und organisieren sie neu. Brunes Mitwisser Beyer wird mit 50 Talern ruhiggestellt. Zu den Mitwissern gehört auch ein Gutsbesitzer, der sich als Reaktionär entpuppt. Doch dass man Kinkel ins Zuchthaus gesteckt hat, findet er gar nicht richtig und hilft deshalb mit.

In der Nacht vom 6. auf den 7. November folgt ein neuer Versuch. Diesmal will Brune Kinkel aus einer Dachluke im dritten Stock auf die Potsdamer Straße abseilen. Es klappt nur mit Verspätung, weil Brune nicht den passenden Schlüssel für das Lattengitter findet, das Kinkels Zelle teilt. Kurz entschlossen schlägt der Aufseher mit der Axt in das Holz des Gitters eine Öffnung, so dass kurz nach Mitternacht der Weg zum Dach frei ist. Kinkel seilt sich ab. Schurz nimmt ihn auf der Straße in Empfang, schließt ihn in seine Arme und wirft ihm einen Mantel um, der die Zuchthauskleidung verdeckt.

Bei Krüger zieht sich Kinkel um und erfrischt sich mit einer Bowle, die von einer Feier stammt, die Gefängnisbeamte in Krügers Gasthaus veranstalten. In der Kutsche des Gutsbesitzers Hensel geht die Flucht durch das Potsdamer Tor über Oranienburg, Teschendorf, Löwenberg, Gransee, die mecklenburgische Grenze bei Dannenwalde, Fürstenberg, Neustrelitz, Neubrandenburg, Teterow bis zum Gasthaus „Zum weißen Kreuz" im Süden Rostocks, wo Kinkel und Schurz am 8. November ankommen. Hier stößt Moritz Wiggers hinzu und begleitet sie zum Wöhlertschen Gasthaus in Warnemünde an der Ostsee. Bald ziehen sie in das Haus von Wiggers' Freund Ernst Brockelmann um.

Strafverfolgungen

Während Kinkel und Schurz in Sicherheit sind, ist in Berlin und Spandau die Hölle los. Um halb sechs Uhr morgens ist die leere Zelle entdeckt worden. Noch am 7. November gehen aus Berlin Telegramme an die Polizei in deutschen Großstädten. „Der ehemalige Professor Johann Gottfried Kinkel" sei „in verflossener Nacht aus dem Zuchthaus in Spandau entwichen". Als besondere Kennzeichen

Doppelporträt von Kinkel und Schurz nach der Befreiung. Aus der deutschen Ausgabe der Lebenserinnerungen.

werden im Fahndungsaufruf eine schräge Narbe unter der Nase und Kinkels rheinländischer Dialekt angegeben. Schnell wird klar, dass Kinkel Helfer innerhalb und außerhalb des Zuchthauses gehabt haben muss. In den am 9. November beginnenden Verhören des Gefängnispersonals und einiger Strafgefangener, die am 11. und 12. November fortgesetzt werden, konzentriert sich der Hauptverdacht bald auf Brune. Als Helfer außerhalb der Zuchthausmauern wird zunächst der Bonner Medizinstudent Ludwig Meyer vermutet, aber am 19. November wird Carl Schurz als Fluchthelfer genannt. Auch Krüger wird verdächtigt. Sowohl Hamburg als auch Bremen und Paris werden in Polizei- und Zeitungsberichten als Zielorte vermutet. Von Bremen aus soll demnach eine Schaluppe Kinkel und Schurz „auf das in See bereit gelegene Schiff und dieses sie nach Helgoland gebracht haben", das noch zu Großbritannien gehört.

Am 17. September 1851 erhebt die Staatsanwaltschaft Anklage. Wegen gewaltsamer Befreiung eines Gefangenen wird Brune zu vier Jahren und zwei

Monaten Gefängnis verurteilt. Nach seiner Freilassung wird er in seine westfälische Heimat ziehen, wo er mit dem unentdeckt gebliebenen Geld ein gutes Auskommen hat. Krüger ist die Beteiligung nicht nachzuweisen. Er habe einen Heribert Jüssen beherbergt, aber nichts von seiner wahren Identität gewusst. Auch der Prinz von Preußen sei schon sein Gast gewesen, als er vor den revolutionären Berlinern nach London flüchtete, wird in Spandau erzählt. Krüger wird freigesprochen. Doch die Bürokratie rächt sich. Schurz am 5. Dezember 1851 an Kinkel: „Krüger ist aus all seinen Ämtern entsetzt, ihm die Wirtschaftskonzession genommen, und er wird mit seiner zahlreichen Familie – sieben Kinder – der bittersten Not preisgegeben." Dem Mann müsse geholfen werden: „Seine Beteiligung an Deiner Flucht ist die einzige Quelle seines Unglücks." Überhaupt habe es in Spandau böses Blut gegeben, weil von Kinkel kein Dankesbrief gekommen sei. Später bietet Kinkel Krüger an, sich in Amerika oder in Australien nach Erwerbsmöglichkeiten für ihn umzusehen. Doch Krüger wollte nicht auswandern. Am 24. Februar 1868 wird Schurz aus Wiesbaden schreiben: „Ich bin in Spandau gewesen und habe mehrere der alten Freunde wiedergesehen. Wir hatten einige schöne Stunden. Es geht allen wohl."

Die Befreiung Kinkels wird noch andere Personen ins Gefängnis bringen, die damit gar nichts zu tun hatten. Am 11. November 1850 schreibt der preußische König Friedrich Wilhelm IV. seinem Ministerpräsidenten Otto von Manteuffel, er habe soeben „den Kinkelschen Fluchtbericht" gelesen. Das habe ihn auf einen nicht gerade lauteren Gedanken gebracht: „Nämlich den, ob Stieber nicht eine kostbare Persönlichkeit ist, das Gewebe der Befreiungsverschwörung zu entfalten und dem preußischen Publikum das lange und gerecht ersehnte Schauspiel eines aufgedeckten und (vor allem) bestraften Komplotts zu geben?" Polizeidirektor Wilhelm Stieber, Chef der politischen Polizei, wird mit seinen Spitzeln und Fälschern für das Schauspiel sorgen, das als Kölner Kommunistenprozess bekannt ist.

Vom 4. Oktober bis zum 12. November 1852 werden elf Beschuldigte – neben dem „roten Becker" mit Abraham Jacobi ein weiterer Schurz-Freund – vor dem Kölner Schwurgericht stehen, weil sie die Staatsverfassung hätten umstürzen und einen Bürgerkrieg erregen wollen. Sieben Angeklagte werden zu drei bis sechs Jahren Einschließung verurteilt, darunter Becker. Jacobi wird zwar freigesprochen, aber nicht entlassen. Er soll noch wegen Majestätsbeleidigung vor das Stadtgericht Minden gebracht werden.

Was Carl Schurz von der politischen Polizei hält, teilt er Louis Lehmann mit: „Du wirst Dich gewundert haben, in deutschen Blättern zu lesen, dass man aus aufgefundenen Briefen von Kinkel und mir ‚wichtige Aufschlüsse' gezogen habe, als ob wir dumm und indiskret genug gewesen wären, uns über den gelungenen Streich nachträglich und schriftlich zu explizieren. Diese Nachrichten gehen höchstwahrscheinlich nur aus einer blöden Aufschneiderei der Polizei hervor, die vielleicht zeigen will, dass sie wenigstens Nachlese halten kann, wo sie so eklatanter und lächerlicher Weise zu spät gekommen ist. In allen Briefen, die ich geschrieben habe, wird es niemals möglich sein, auch nur die geringste Spur eines ‚wichtigen Aufschlusses' zu finden."

London – Paris – London

Von der Ostsee aus dankt Kinkel im November 1850 Christian Schurz: „Ich kann mir wohl vorstellen, dass auch Sie und Ihr ganzes Haus in diesen Monaten viel Sorgen ausgestanden haben, weil er, die Stütze Ihres Alters, um meinetwillen in so große Gefahr sich begeben hat. Sein Mut, seine Ausdauer und Klugheit haben ein Wunderwerk vollendet, und ich verdanke ihm in vollem Sinn die Rettung meines Lebens." Seiner Gönnerin Baronin Bruiningk schwärmt er von „dieser genialen und anmutigen Erscheinung des herrlichen Jünglings" vor. Carl Schurz bittet seine Eltern um Verzeihung, weil er nichts von der Befreiungsaktion erzählt hat. „In dem Augenblick, wo ihr diesen Brief lest, trägt uns das Meer an die Küsten Englands hinüber."

In Warnemünde ist nach Tagen der Erholung, aber auch der Ungeduld, am 17. November der Tag der Abreise gekommen. Der mit Weizen beladene Schoner „Anna" wird von einem Schleppdampfer aus dem Hafen gezogen. Nach zwei Meilen wird das Schlepptau gelöst. Das Schiff setzt die Segel, um Newcastle in Nordengland anzusteuern. Zum „Abschied von Deutschland" dichtet Kinkel: „Nun sinken böse Sterne / Tief hinter mir in Nacht: / Es ladet mich die Ferne / Mit goldner Morgenpracht."

Glücklich meldet Johanna Kinkel der geistesverwandten Schriftstellerin Fanny Lewald: „Er ist längst auf dem Meer. Von Tag zu Tag erwarte ich den Brief, der mir den Ort des Rendezvous bestimmt. Ich habe zwei Briefe aus seinem Asyl. Viel schreiben konnte er nicht, denn seine Hände waren beim Durchbrechen und Klettern verwundet worden. Sein Retter ist ein junger, höchst genialer, mutiger und besonnener Demokrat." Dessen Schwester Toni erinnert sich später: „Ich werde den Tag nie vergessen, an dem die Zeitung die Nachricht brachte, dass Kinkel entkommen sei und Carls Namen mit der Flucht in Verbindung genannt wurde. Uns war das so unverständlich und zuerst kaum glaubbar, da wir ihn in Frankreich vermuteten."

Nach stürmischer Fahrt und wegen widriger Winde trifft die „Anna" am 1. Dezember 1850 in Leith, dem Hafen von Edinburgh, ein, nicht in Newcastle. Es ist ein Sonntag, an dem weder der schottische Kontaktmann anzutreffen ist noch Lokale und Geschäfte geöffnet sind. Mit Mühe und Not finden die beiden, die der Anekdote nach nur die englischen Wörter „Beefsteak" und „Sherry" aussprechen können, in einem Edinburgher Hotel ein Mittagsmahl und ein Nachtquartier. „Des anderen Tages", so Schurz an Lehmann, „fanden wir uns in dem Haus des Kaufmanns, an den wir empfohlen waren, trefflich aufgenommen, und eine reiche Fülle historischer Anschauungen füllte die Stunden aus."

In Leith, dem Hafen von Edinburgh (hier das Schloss), gehen Kinkel und Schurz an Land.

Mit der Bahn fahren Schurz und Kinkel über Liverpool nach London. 21 Stunden sind sie unterwegs. London mit „seinem Gewühl der Menschen und Fuhrwerke" findet Schurz nicht gerade anheimelnd. „Die Erinnerung liegt noch zu chaotisch in mir; ich weiß noch nicht, wohin das alles Stück für Stück zu rubrizieren ist, was ich gesehen und erfahren." Englisch, das er in den USA meisterlich sprechen wird, schreckt ihn zunächst ab: „Die unreinen Vokale und die Zischlaute, ja der ganze Klang und Tonfall" sind ihm zu unmusikalisch.

In London stehen Kinkel und Schurz im Mittelpunkt des Interesses. Die Flucht ist zum europäischen Ereignis geworden. Freiheitskämpfer wie die Ungarn

51

Georg Klapka und Ludwig Kossuth, die Italiener Giuseppe Mazzini und Mattia Montecchi oder der Franzose Louis Blanc suchen Kontakte zu den beiden. Für Preußen hingegen sind die Zeiten schlecht. Der Versuch scheitert, im Rahmen einer Konföderation die Vormacht zu gewinnen. Der Deutsche Bund wird vielmehr unter österreichischer Führung wiederbelebt.

Noch im Dezember 1850 reisen Schurz und Kinkel weiter nach Paris, wo sich die Ehepartner in die Arme fallen. Die Kinkels wollen sich in London niederlassen. Johanna reist nach Bonn zurück, um den Umzug zu organisieren. Am 17. Januar 1851 wird in Bonn der Reisepass für sie, die Kinder Gottfried, Johanna, Adelheid und Hermann sowie für Schurz' Schwester Toni ausgestellt. Toni wird bis zum Sommer 1852 in London bleiben, wo sie sich laut Schurz „vortrefflich" macht.

In Paris, das er ja schon etwas kennt, gefällt es Schurz wesentlich besser als in London. „Ich sprang voll Freude mit beiden Füßen aus dem Waggon auf den Boden dieser lieben Stadt, in der ich mich so wohl fühle." Er schreibt Korrespondenzen für deutsche Zeitungen, so dass er bei sparsamer Lebensführung sein Auskommen hat. Zunächst teilt er mit Strodtmann ein Zimmer, dann mietet er sich an der Seine, nicht weit von der Kathedrale Notre Dame, ein Zimmer, sogar mit Klavier.

Von London dringen Berichte und Gerüchte aus den zahlreichen, oft zerstrittenen Emigrantenzirkeln nach Paris. Am 4. Januar 1851 beruhigt daher Schurz Johanna Kinkel: „Lassen Sie sich doch nicht von jeder Fabel ängstigen." Außerdem versichert er, „dass mir auch etwas an der Sicherheit Kinkels gelegen ist, denn zum zweiten Mal ihn herauszuholen würde mir sehr schwer sein". Von Kinkel will er am 20. Februar wissen: „Was für eine Stellung nimmt Techow ein? Grüße ihn doch ja von mir; er ist mir immer einer der liebsten Menschen gewesen. Er steht doch natürlich zu Dir?" Die persönlichen und politischen Auseinandersetzungen werden auch durch eine Warnung von Beust am 4. April aus Zürich deutlich, Kinkel habe „in der nächsten Zeit einen Angriff der Clique Marx" zu erwarten. In Paris lernt Schurz durch Schimmelpfennig Franz Sigel kennen, in Baden Kriegsminister und später im amerikanischen Bürgerkrieg General.

Wie Sigel polizeilich überwacht wird, damit er möglichst schnell in die USA weiterreist, so auch Schurz. Die preußischen Behörden haben seine Ankunft im Januar registriert: „In Paris sind seit kurzer Zeit mehrere Flüchtlinge von Bedeutung angekommen, unter ihnen der Student Schurz aus Bonn." Am hellen Tag wird er Ende Mai verhaftet und vier Tage lang festgehalten. Ihm wird bedeutet, er solle sich anderswo als in Paris niederlassen. Schurz an Lehmann: „Was meine Verhaftung in Paris, meine Ausweisung aus der französischen Republik und die Beschlagnahmung meiner Papiere betrifft, so hat man mir unzweideutig zu verstehen gegeben, dass diese Maßregeln auf Veranlassung der preußischen Gesandtschaft erfolgt seien." Zu den bei dem Bremer freisinnigen Pastor Rudolph Dulon gefundenen Papieren gehören auch zwei Briefe von Schurz. Dulon hatte die Verfolgungsbehörden durch die Mär irregeführt, der entflohene Kinkel habe sich über Bremerhaven nach England begeben. Er wird 1852 durch den Bremer Senat vom Pfarramt suspendiert.

Seinen Eltern schreibt Schurz am 2. Juni 1851 ironisch: „Man glaubte, ich sei eben im Begriff, die Regierung von Frankreich umzustürzen. Man fand aber, dass die Franzosen das allein könnten und ließ mich heute wieder los." An Kinkel schreibt er am 6. Juni: „Die Polizei, welche nachgerade Erkundigungen über mich eingezogen hat, behandelt mich nun mit ungeheurer Zuvorkommenheit." Er werde wahrscheinlich in der nächsten Woche in London eintreffen.

Seit dem 13. Juni 1851 ist Schurz wieder in London, mit Argusaugen beobachtet von der preußischen Gesandtschaft und ihren Helfern. „Schurz ist am Freitagabend wieder zurück von Paris nach London gekommen, er wohnt wieder bei Kinkel", wird am 16. Juni nach Berlin gemeldet. Bei der Familie Kinkel wohnt Schurz, wenn überhaupt, nur kurz. Kinkel hat ganz in der Nähe seiner Wohnung nordwestlich von Regent's Park, in St. Johns Wood Terrace Nr. 63, ein preiswertes Zimmer für ihn gemietet. Sein Geld verdient sich Schurz mit Deutsch- und Musikunterricht. Seine Zeit verbringt er mit Kontakten und Plänen in Emigrantenkreisen. In London leben knapp 30.000 Ausländer, darunter rund 1000 aus politischen Gründen.

Revolutionäre Finanzpläne

Die deutschen Flüchtlinge geraten wegen politischer und persönlicher Differenzen immer wieder aneinander. Karl Marx, unterstützt von dem in Manchester lebenden Friedrich Engels, ist ein Pol, zu dem damals auch der Dichter Ferdinand Freiligrath und Wilhelm Wolff, einst als Nachrücker einziger Kommunist in der Paulskirche, gehören. Den Gegenpol beurteilt Marx selbst: „Wenn die verbrüderte Emigration irgendeinen Einheitspunkt besitzt, so ist es ihr gemeinschaftlicher fanatischer Hass gegen Marx."

Doch so verbrüdert ist die bürgerliche Emigration nicht. Die gegensätzlichen Hauptgruppen sind der Emigrationsklub von Kinkel und der Agitationsverein des politischen Schriftstellers Arnold Ruge mit ihren jeweiligen, teils wechselnden Sympathisanten. Aber auch Marx hat Schwierigkeiten. So trennt sich die Fraktion Willich/Schapper von ihm. August von Willich und Carl Schapper wollen nicht abwarten wie Marx und Engels, sondern den Umsturz in Deutschland schnell herbeiführen.

Zur Finanzierung der Revolution rufen Kinkel und seine Freunde eine deutsche Nationalanleihe ins Leben, für die zunächst Interimscheine ausgegeben werden sollen. Dafür hat Schurz noch in der Schweiz einen grafischen Entwurf gemacht und in einem Brief an Kinkel erläutert: „Diese Interimscheine sind dazu bestimmt, Geld zu den laufenden Ausgaben zu schaffen, bis die eigentlichen Obligationen ausgegeben werden können." Schurz hat zu jenem Zeitpunkt noch „keine klare, entschiedene Meinung", bald jedoch setzt er sich für die Anleihe ein. Er reist deshalb im September über Paris und Straßburg in die Schweiz, um Werbung dafür zu machen. Am 22. September 1851 reist er über Neuchâtel und Paris nach London zurück, wo er am 7. Oktober ankommt und berichtet: „Meine Arbeit ist vollkommen gelungen."

Diese Erfolgsmeldung steht in einem Brief vom 21. Oktober, den er Kinkel in die USA schickt. Denn dieser ist zu einer Werbereise für die Anleihe in Amerika unterwegs, während Schurz schon „auf unserer eigenen lithographischen Presse" Interimscheine druckt und bedauert, dass „wir nicht mehr als 1800 zur Absendung fertig machen" konnten. Die akuten Geldsorgen bringen den sonst so treffsicher formulierenden Schurz zu dem schiefen Vergleich: „Übrigens ist uns jetzt alles kleine Geld ausgegangen, und wir marschieren mit vollen Segeln in das Minus hinein."

Kinkel kommt am 14. September 1851 in New York an und ist bis zum 25. Februar 1852 unterwegs, von Chicago im Norden bis New Orleans im Süden. Der einstige pfälzische Revolutionär Georg Hillgärtner begleitet Kinkel zeitweilig. Eine genaue Aufstellung seiner Einnahmen in Höhe von 447,84 Dollar und seiner Ausgaben von 437,66 Dollar ist erhalten. Demnach wären unter dem Strich nur 10,18 Dollar eingenommen worden. Doch in den Einnahmen sind die Beträge nicht erhalten, die direkt nach London gegangen sind. So gehen dort aus Baltimore 160 Pfund, aus Cincinnati 120 Pfund, aus Pittsburgh 60 Pfund, aus Cleveland ebenfalls 60 Pfund ein. Während Kinkel und Schurz Geld eintreiben, denkt Techow an die Ausgaben. Er fände es „ungemein wünschenswert", schreibt er am 24. November 1851 an Kinkel, für den Ausbruch der Revolution „eine gut gerüstete kampfbereite Schar von 500 bis 1000 Mann in jedem Augenblick zur Verfügung zu haben".

Von dem gesammelten Geld erhalten beispielsweise Willich 103 Pfund, Anneke 1861 genau 100 Dollar für die Reise in die USA. 1866 wird Kinkel für den Fall seines Todes festlegen: „Die deutsche Anleihe, deponiert in London, Westminster Bank, City Branch, wird August Willich zur Verfügung gestellt." Am 8. April 1867 wird der Bestand mit 1376 Pfund, 19 Schillingen und acht Pence angegeben. Von den 1852 angestrebten zwei Millionen Dollar ist also keine Spur. Immerhin werden zwischen 1868 und 1870 an August Bebel 6000 Schweizer Franken gezahlt. Die Sozialdemokratische Partei wird 1500 Franken erhalten. Außerdem werden republikanische Zeitungen unterstützt. In seinen Lebenserinnerungen wird Schurz das Misslingen der Anleihe nicht bedauern. „Man hätte auch mit größeren Summen nur hoffnungslose Konspirationen organisieren und Menschen in persönliches Unglück führen können, ohne der Sache der Völkerfreiheit zu nützen."

Während Schurz sich in London oder in der Schweiz aufhält, wird er angeblich an allen möglichen Orten in Deutschland gesichtet. Schon vor der Befreiungsaktion hatten Zeitungen fabuliert, er habe als Drehorgelspieler die Lage vor dem Spandauer Zuchthaus erkundet, überdies unterstützt von einer preußischen Prinzessin, die in Liebe zu ihm entbrannt sei. Am 22. Mai 1851 soll er auf dem Frankfurter Bahnhof in Berlin gewesen sein. Am 31. Juli will Bismarck erfahren haben, Schurz sei mit einem „englischen Pass als Handlungsreisender eines Wollgeschäftes" in Bonn und Umgebung unterwegs. Im März 1852 melden preußische Spitzel, Schurz solle mit falschem Bart nach Königsberg und Berlin, vielleicht auch nach Dresden gehen. Im Juni soll er sich „im Preußischen, und zwar als Frauenzimmer," aufgehalten haben. Entwarnung am 12. Juli 1852: Die ganze Sache scheine „eine Mystifikation" zu sein.

Da Louis Napoleon am 2. Dezember 1851 mit einem Staatsstreich seine Macht gefestigt hat und sich später als Napoleon III. zum Kaiser der Franzosen ausrufen lässt, wird Schurz klar, dass in Deutschland und Europa so schnell keine Revolution ausbrechen wird. Entweder gebe es bis zum Sommer eine Klärung der Position in England, „oder wir werden dann definitiv unseren einzigen Stützpunkt in Amerika suchen müssen, als Partei und als Individuen". Das Individuum Schurz wird nach Amerika gehen – aber nicht allein.

Louis Napoleon, als Napoleon III. Kaiser Frankreichs.

IV. | Aufbruch in die „Neue Welt"

Die Heirat

Johannes Ronge, Gründer der deutschkatholischen Bewegung.

Im November 1851 hat Schurz nämlich Agatha Margaretha (Margarethe) Meyer kennengelernt, eine Tochter des wohlhabenden Hamburger Fabrikanten Heinrich Christian Meyer (Stockmeyer), der 1848 gestorben war. Sie war zu Besuch bei ihrer älteren Schwester Bertha, die mit ihrem Mann Johannes Ronge im nahen Hampstead lebt. Der frühere katholische Kaplan Ronge war nach der Kritik an der Trierer Heilig-Rock-Wallfahrt 1844 aus seiner Kirche ausgeschlossen worden und hatte die national-kirchliche und auch demokratisch gesinnte Bewegung der Deutschkatholiken gegründet. Er floh nach England, wo er Bertha im August 1851 heiratete, nachdem diese sich von Friedrich Traun, einem Teilhaber der Firma Stockmeyer, hatte scheiden lassen. Die Ronges gründeten 1851 in London den ersten englischen Kindergarten – ein Beispiel für Margarethe, die 1856 den ersten Kindergarten der USA gründen wird.

56

Margarethe und Carl Schurz als junges Ehepaar.

Schurz verliebt sich in die damals Achtzehnjährige, deren Mutter nach ihrer Geburt gestorben war. Am 11. April 1852 ist die Verlobung im Hause Bruiningk, St. Johns Wood Terrace Nr. 58. Die Einladung an Kinkels durch Ludolf August Baron Bruiningk klingt arg geschraubt: „Der Wunsch Schurzens, dessen Verlobung mit Fräulein Meier (!) heute Abend bei uns ans Licht der Öffentlichkeit tritt, veranlasst mich, Sie, hochgeehrter Herr, und ihre geehrte Frau Gemahlin aufzufordern, bei dieser Feier, an der Sie gewiss gleich warmen Anteil nehmen, zugegen zu sein."

Vielleicht ist dieser förmliche Brief noch ein Ausfluss des Ärgers, den es im Monat zuvor gegeben hatte. Da beschwert sich der Baron am 21. März bei Gottfried Kinkel. „Wir hatten bereits von verschiedenen Seiten Andeutungen vernommen, als ob die Äußerungen Ihrer Frau Gemahlin über unser Haus keine freundschaftlichen seien." Offenbar nach einer Entschuldigung Kinkels gibt sich der Baron am 22. März zufrieden. In der Tat sind Spannungen zwischen den beiden Familien schon wegen der unterschiedlichen Lebensstile nicht auszuschließen. Die wohlhabenden Adligen führen ein großes Haus und geben Empfänge, bei denen Schurz etwa die prominente Schriftstellerin Malwida von Meysenbug und alte Bekannte wie Willich, Strodtmann und Schimmelpfennig trifft. Die gestressten Kinkels müssen durch Unterricht ihren Lebensunterhalt verdienen. Zudem muss Gottfried Kinkel viel Zeit für die Politik aufbringen, da er als prominenter und für einflussreich gehaltener Flüchtling von vielen Leidensgenossen um Hilfe gebeten wird.

Nachdem Schurz seinen künftigen Schwager Adolph Meyer in einem langen Brief über sich und seine Pläne informiert und damit beruhigt hat, kann das junge Paar heiraten. Dies geschieht am 6. Juli 1852 im Register Office der Kirche von Marylebone in der Grafschaft Middlesex, heute London. Trauzeugen sind Johannes und Bertha Ronge. Margarethes Erbteil beträgt 78.557 Mark. Schurzens ziehen nach Hampstead und werden krank. Schurz muss sich im Wasserkurort Malvern kurieren, so dass sich die geplante Abreise in die USA verschiebt. Doch am 13. August sticht das Segelschiff „City of London" in Portsmouth mit beiden in See.

Von New York nach Philadelphia

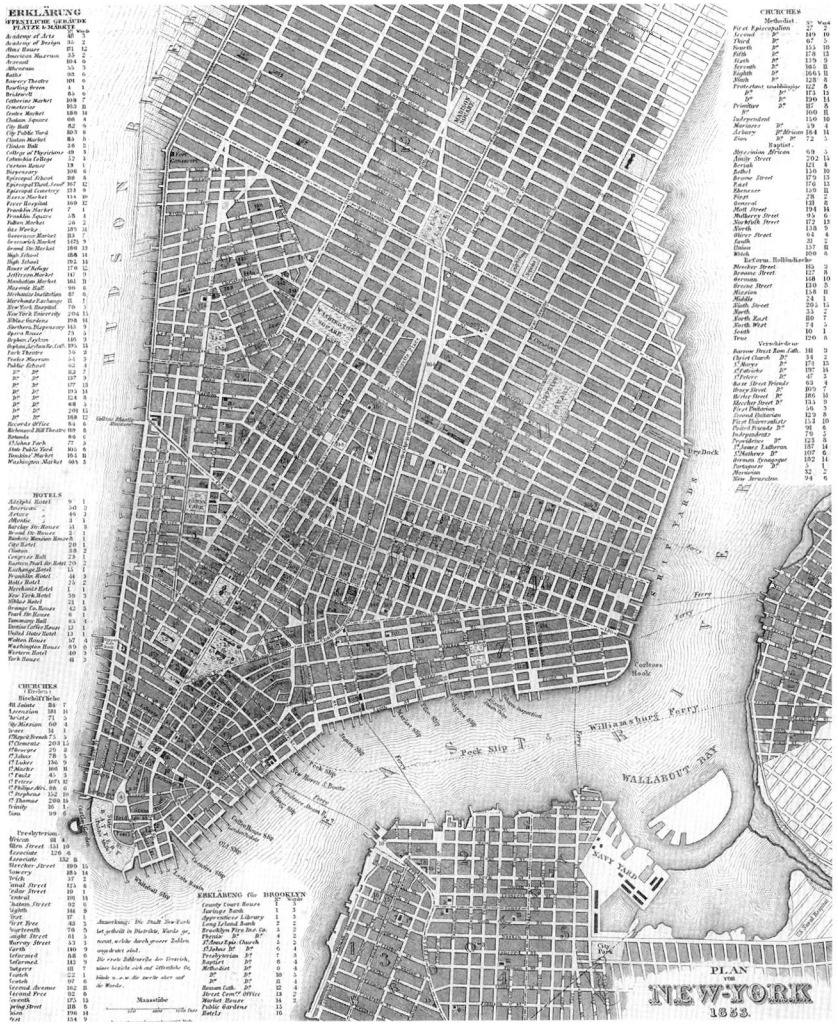

Manhattan zur Zeit der Einreise des Ehepaars Schurz.

59

Am 16. September 1852 kommt die „City of London" in New York an. In der Spalte für das Niederlassungsland steht von fremder Hand: „Germany or U States". Was immer der Grund für diese Alternativeintragung ist – die Familie Schurz wird sich dauerhaft in den USA niederlassen. Sie sind zwei von 129.662 deutschen Einwanderern, die zwischen dem 1. Januar und dem 22. September 1852 nach New York kommen. Die Zahl der Einwanderer steht in der Zeitschrift „Die Locomotive", die Adolf Strodtmann, ein alter Bekannter von Schurz, in Philadelphia redigiert.

Noch aus New York schreibt Schurz am 27. September an Kinkel: „Unsere Überfahrt war passabel; meine Frau war viel seekrank, ich blieb wie immer gesund." Weiter: „Amerikas erster Anblick machte einen berauschenden Eindruck auf uns beide. Unsere Einfahrt in die Bay war an einem sonnenhellen Morgen." New York sei „viel lustiger" als London. Seine Frau sei erkrankt, aber wieder auf dem Weg der Besserung. Er plane, Vorträge zu halten. Außerdem rate man ihm, Rechtsanwalt in einer großen Stadt zu werden.

Philadelphia.

Das junge Paar siedelt Anfang Oktober wegen der Kontakte zu Strodtmann und zu dem Arzt Heinrich Tiedemann, einem Bruder des erschossenen Rastatter Gouverneurs Gustav Tiedemann, nach Philadelphia über. Als erstes lernt Schurz mit einer ungewöhnlichen Methode Englisch: Er übersetzt Texte aus der Zeitung „Philadelphia Ledger" ins Deutsche, macht eine Rückübersetzung und überprüft die Übereinstimmung der Versionen. Auch englische Romane und juristische Kommentare nimmt er sich vor. Nach einem halben Jahr kann er sich gut auf Englisch verständigen.

Philadelphia sei zwar stiller als New York, schreibt Schurz am 20. Oktober 1852, „aber durchaus nicht still im Vergleich zu irgendeiner Stadt des europäischen Kontinents". Seine Frau lobt er: „Margarethe ist ernster und älter geworden, ohne ihre Heiterkeit und ihre Jugend verloren zu haben." Am 3. März 1853 kommt das erste Kind zur Welt, Tochter Agathe, auch Hans oder Handy genannt.

Zum Lebensunterhalt der kleinen Familie trägt Schurz durch Vorträge über geschichtliche Themen bei, die er inzwischen auch auf Englisch hält. Den Plan, Rechtsanwalt zu werden, gibt er aber nicht auf. Im Winter 1852/53,

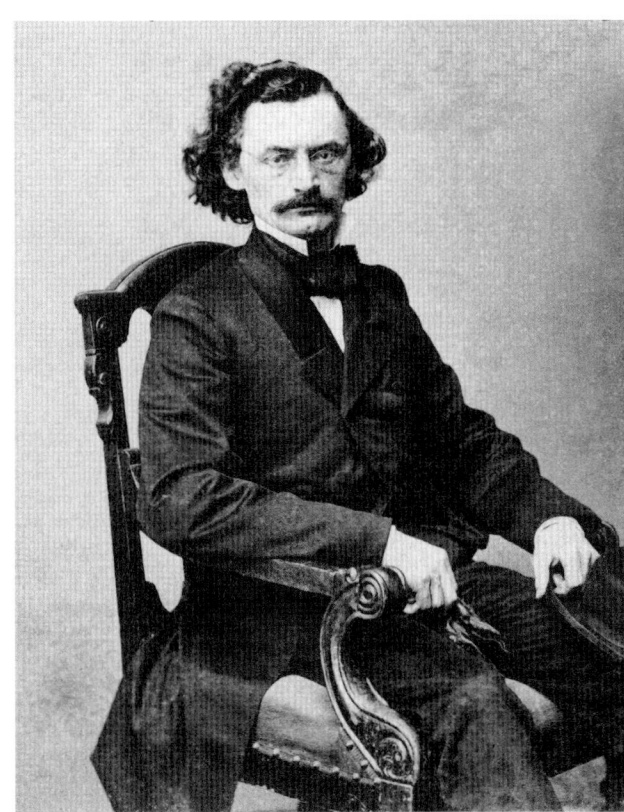

Carl Schurz kurz nach der Einwanderung.

so schreibt er Kinkel am 12. April 1853, habe er ein Buch über die französische Revolution geschrieben. Außerdem plane er ein Werk über Amerika. Im Übrigen nehmen Berichte über die Anleihe und über die Organisation der Deutschen in den USA den Hauptteil des Briefwechsels zwischen den Freunden ein.

Das Innere der Kongresshalle des Capitols in Washington.

Im Frühjahr 1854 unternimmt er eine Stippvisite in die im Aufbau befindliche Hauptstadt Washington. Das Capitol ist noch im Bau, „aber bereits gewaltig in seinen Dimensionen", berichtet er seiner Frau. Das noch ungeordnete Stadtbild lasse „den Beschauer nicht zur Gewissheit kommen, ob all die Herrlichkeit im Entstehen oder bereits im Verfall begriffen ist". Er erlebt am 4. März die Annahme des Kansas-Nebraska-Gesetzes, das die Ausdehnung der Sklaverei über die Südstaaten hinaus ermöglicht. Er führt Gespräche mit Kriegsminister Jefferson Davis, im Bürgerkrieg Präsident der Konföderierten, einigen Senatoren und Abgeordneten. Ganz begeistert und von sich eingenommen schwärmt er seiner Frau am 23. März vor: „Oh, ich fühle, meine Liebste, dass ich diesem Kreise etwas Bedeutendes werde leisten können, wenn ich erst aktiv und offiziell darin stünde." Es sei „nicht Selbstüberschätzung, wenn ich sage, dass ich nur wenigen hier nachstehen würde, nicht jetzt, sondern in ein paar Jahren", prophezeit er.

Doch schon „jetzt" kritisiert er die amerikanischen Parteien schonungslos. „Hier eine Partei, die sich die Demokratische nennt und die zugleich die Hauptstütze des Instituts der Sklaverei bildet, dort eine Partei, die gegen das himmelschreiende Unrecht der Sklaverei donnert, aber all ihre Argumente auf die Autorität der Bibel stützt und in einer unglaublichen geistigen Abhängigkeit steht."

Die Gründung einer neuen Partei, der Republikanischen Partei, liegt in der Luft. Nach der Niederlage der alten Whigpartei bei den Präsidentschaftswahlen 1852 gegen die Demokraten war deutlich geworden, dass eine neue Partei Chancen hat. Deren Anhänger eint der „gemeinsame Glaube an die unveräußerlichen Menschenrechte" und die Überzeugung, „dass die Sklaverei moralisch ein Unrecht, politisch ein Irrtum und praktisch ein Unglück sei", wie es Wilhelm Hense-Jensen in seinem Geschichtswerk über die Deutschen in Wisconsin auf den Punkt bringt.

Zu den Unterstützern der neuen Partei gehören die kürzlich eingewanderten Achtundvierziger, die Grünen. Die schon länger ansässigen Deutschen, die Grauen, sind zurückhaltend. Schurz setzt sich in einem Brief an Kinkel ausführlich mit der Sklaverei auseinander. Sie biete für den Neuankömmling „so viel verschiedene Seiten dar, besonders wenn die Existenz der Union beständig mit ins Spiel kommt". Die USA könnten erst dann im Sinn des Fortschritts praktisch in den Lauf der Welt eingreifen, wenn die Sklavenhalter keine politische Macht mehr sind. Er sei „entschieden gegen jede Erweiterung des Sklavereigebietes".

In dieser Gründungsphase trifft sich Schurz im Oktober 1854 mit Friedrich Hecker auf dessen Farm in Belleville in Illinois. Der populäre badische Revolutionär ist einer der „lateinischen Farmer" – wie Schurz bald auch: von hoher Bildung, aber geringen praktischen Erfahrungen in der Landwirtschaft. Beide wollen in der Anti-Sklaverei-Bewegung, und das heißt in der neuen Partei, mitmachen.

Schurz reist nicht nur nach Washington und zu Hecker. Er besucht auch Pittsburgh, Cincinnati, Cleveland, St. Louis, Chicago, Milwaukee und Watertown. Dort in Wisconsin hat sich sein Onkel Jacob Jüssen niedergelassen. Hier gefällt es Schurz so gut, dass er die Ansiedlung ins Auge fasst. „Dort ist das deutsche Element mächtig durch die Zahl der Einwanderer und ringt nach politischer Geltung", berichtet er am 25. März 1855 Kinkel. Es fehle nur an Köpfen. Kein Zweifel, dass er an eine Führungsposition für sich denkt.

Europareisen

Doch zunächst unternimmt er ab dem 21. April wegen der Gesundheit seiner Frau, der das amerikanische Klima mit dem schroffen Temperaturwechsel nicht bekommt, eine Europareise. Zuvor, am 23. Februar 1855, war er in die deutschsprachige Hermann-Loge Nr. 125 eingetreten. Die Familie Schurz hält sich im Sommer 1855, im Winter 1855/56 mit dem gemeinsamen Weihnachtsfest und im Sommer 1856 in London auf, wo sie die Familie Kinkel trifft. Schurz stellt aber auch fest, dass innerhalb von drei Jahren viele der damaligen Emigranten weitergezogen sind. Baronin Bruiningk war gestorben. Er lernt Malwida von Meysenbug näher kennen, die als Erzieherin der Töchter des russischen Schriftstellers Alexander Herzen tätig ist. Für Herzen ist Schurz „der Beste aller deutschen Emigranten".

Von London aus kehrt Schurz im Juli 1855 in die USA zurück. Er kümmert sich in Watertown um die Übersiedlung der kleinen Familie. Er berichtet zwischen August und November seiner Frau von der positiven Entwicklung des Ortes. „Wie groß der Aufschwung der Stadt ist, kannst Du aus dem Faktum entnehmen, dass der letzte Zensus hier eine Einwohnerzahl von 8500 Menschen nachgewiesen hat, während 1850 nicht 1000 Menschen hier waren." Er sei übrigens „schon oft gefragt worden, ob ich nicht möglichst bald an der hiesigen Politik teilnehmen wolle", deutet er sein Interesse an. Er sehe ein weites Feld offen vor sich liegen und brauche nur zuzugreifen, um persönliche Erfolge zu haben. „Und das wird dazu dienen, unserem hiesigen Leben mannigfache Anregungen zu geben."

Seine Frau nutzt den Europaaufenthalt zu Besuchen bei Verwandten und Bekannten. Am 18. September 1855 bestätigt ihr die Hamburger Polizeibehörde „behufs ihrer Reise nach Minden usw., dass dieselbe sich seit 14 Tagen ihrer zerrütteten Gesundheit wegen hier aufgehalten hat und man während dieser Zeit zu der Überzeugung gekommen ist, dass sie sich weder in moralischer noch in politischer Beziehung irgendetwas hat zuschulden kommen lassen". Eine „preußische Polizeiperson" macht später Schwierigkeiten. Nicht einmal nach fünf Jahren lasse man die Frau in Ruhe, schimpft Schurz deshalb.

Mehrere Wochen verbringt das Ehepaar Schurz mit Tochter ab Februar 1856 in Montreux am Genfer See bei Schwager Heinrich und seiner Frau Emilie. Das Klima sei gerade das, „was wir suchten". Schurz: „Das waren Wochen ungetrübten Glücks, reinen, kindlichen, übersprudelnden Glücks, wie es uns nur selten auf dieser Welt gegeben wird." Am 21. Juni 1856 startet die Familie Schurz, nachdem sie durch Frankreich gereist ist, von England aus zur Rückreise in die USA.

Wohnsitz Watertown

Ende August lässt sich Carl Schurz mit seiner Familie in Watertown, zwischen Milwaukee und Madison, nieder. Hier leben nicht nur die Onkel Jacob und Georg Jüssen mit ihren Familien. Hier sind auch die Eltern und die Schwestern Antonie und Anna heimisch geworden. Toni wird 1856 ihren Vetter Edmund Jüssen heiraten, der als Oberstleutnant am Bürgerkrieg teilnehmen und in den 1890er Jahren Generalkonsul in Wien werden wird. Anna wird 1858 August Schiffer heiraten und nach Monee in Illinois ziehen, wohin ihr später die Eltern folgen.

Schurz hat am 23. September 1855 die Jackson-Farm im Nordwesten der Stadt gekauft, um deren Bewirtschaftung sich die Eltern kümmern. Auf dem Grundstück lässt er ein stattliches Holzhaus errichten, das im Herbst 1856 fertiggestellt ist. Ein Teil des großen Geländes soll zur Finanzierung des Baues verkauft werden. „Etwas Gemütlicheres als Margarethens und meine Stuben kann man sich nicht denken", begeistert er sich am 15. November in einem Brief an seinen inzwischen in London ansässigen Freund Friedrich Althaus. Auch beruflich ist er zufrieden. Er hat ein Büro als öffentlicher Notar. Außerdem ist er Präsident einer örtlichen Versicherung und betätigt sich in Bankgeschäften. Ab März 1857 soll die Advokatur hinzukommen.

Die Politik lässt Schurz nicht los. Im Juni 1856 tritt er in Jefferson erstmals öffentlich als Redner für die Republikaner auf. Weitere Reden vor allem an die Deutschamerikaner folgen. Zwar verliert der Kandidat der Republikaner, John Charles Fremont, gegen den Demokraten James Buchanan die Präsidentschaftswahl 1856, doch die Republikaner sind von der Richtigkeit ihrer Anschauung überzeugt. Die Demokratische Partei, so Schurz an Kinkel, sei „missmutig, niedergedrückt, voll von Furcht wegen dessen, was da kommen mag". Die Republikaner, die in Wisconsin gewonnen hatten, seien „voll von Kraftgefühl, voll von Selbstbewusstsein wegen der gewonnenen Erstlingsresultate und voll von Zuversicht für die Zukunft".

Ahnungsvoll schreibt er: „Die nächsten vier Jahre werden für die Vereinigten Staaten entscheidend sein." Ob die Auseinandersetzung zwischen Anhängern und Gegnern der Sklaverei „ohne Pulver entschieden werden kann", sei fraglich. Doch bei einem Waffengang könne „das Resultat nicht zweifelsfrei sein, das materielle Übergewicht des Nordens ist ungeheuer".

Während Carl Schurz immer mehr in die Politik einsteigt, ist Margarethe nicht bloß im Haushalt tätig. Sie gründet in Watertown in einem anderthalb-

Das Schild erinnert an die Gründung des ersten amerikanischen Kindergartens durch Margarethe Schurz.

stöckigen Holzhaus den ersten Kindergarten der USA. Im November oder Dezember 1856 nimmt er mit Tochter Agathe und einigen weiteren Kindern seinen Betrieb auf. Am 4. März 1857 wird Tochter Marianne, auch Pussy genannt, geboren.

Seine Karriere beginnt Schurz in der Kommunalpolitik. Er wird im November 1856, nachdem er erfolglos für das Parlament von Wisconsin kandidiert hatte, zum Direktor der öffentlichen Bauten ernannt. Dies bedeutet in der aufstrebenden Stadt die Kontrolle über die Errichtung von Verwaltungs- und Gerichtsgebäuden, von Schulen und Brücken. Auch die Finanzierung gehört dazu. Der Versuch, im November 1856 stellvertretender Gouverneur von Wisconsin zu werden, scheitert äußerst knapp. Er bekommt 45.005 Stimmen, sein Gegenkandidat 45.053! Dies ist ein Achtungserfolg, der den neuen amerikanischen Staatsbürger populär macht. 1859 wird es ihm allerdings auch nicht gelingen, Gouverneur zu werden – ein Amt, für das er ohne sein Wissen von Parteifreunden nominiert worden war.

Im August 1857 gründet Schurz mit der „Watertowner Deutschen Volkszeitung" ein Organ der Republikaner. Das Zeitungsmotto „Unabhängig, aber nicht neutral" kann auch für den ganzen Lebensweg von Schurz gelten. Als „Periode großer Entwicklungen" sieht Schurz das Jahr 1858. Warum? „Es offenbarte dem Volk die Persönlichkeit von Abraham Lincoln." Dessen Gegenspieler ist der Sklavereianhänger Stephen A. Douglas. Beide treffen als Konkurrenten aufeinander, als es um die Wahl eines Senators für Illinois geht. Schurz unterstützt Lincoln in mehreren Reden. Auf dem Weg nach Quincy, wo die potenziellen Senatoren in einem Rededuell aufeinander treffen, lernt er Lincoln kennen, als der zu ihm in den Zug einsteigt. Schurz ist von Lincolns Erscheinung etwas überrascht. Der große, hagere, noch bartlose Mann erscheint ihm in seinem Äußeren grotesk. Noch während der Eisenbahnfahrt unterhalten sie sich wie alte Freunde. Lincolns Rede findet er „sehr klar, logisch, überredend, sogar überzeugend", aber „nicht überwältigend".

An Douglas kritisiert er dessen Appelle „auf gewissenlose, unverantwortliche, doch schlau gezielte Weise an die schlimmsten Vorurteile". Douglas wird zwar als Senator wiedergewählt, doch Lincoln hat schon den Präsidentschaftswahlkampf 1860 im Blick.

Als erste bemerkenswerte Rede von Schurz gilt sein Vortrag am 13. Juli 1858 im College von Beloit im südlichen Wisconsin, „einem der besten Institute dieses Staates und des ganzen Westens", wie er Althaus schreibt. Er spricht über den Amerikanismus, das Amerikanertum, das aus den besten Gedanken Europas hervorgehe und darüber hinaus noch einen Fortschritt bringe. Die Grundlagen des wahren Amerikanertums müssen Gleichheit ohne Vorrechte einer Klasse, Gegenseitigkeit und allgemeine Interessengemeinschaft sein. Natürlich geht er in diesem Zusammenhang auf die Sklaverei ein, die sich nicht mit der Freiheit und der Demokratie vertrage. Die später in Boston zum selben Thema gehaltene Rede wird landesweit verbreitet. Große Beachtung findet auch die Rede, die er am 28. September 1858 in Chicago über den unvermeidlichen Konflikt zwischen dem Norden und dem Süden der USA wegen der Sklavenfrage hält.

Doch auch lokale Angelegenheiten beschäftigen Schurz. So wird er in einen Schulstreit hineingezogen. Auf Veranlassung der Katholiken war der Religionsunterricht an den Schulen aufgehoben worden, doch Schurz sieht dies nicht als gerechtfertigt an. Dies bringt dem aus der katholischen Kirche Ausgetretenen Beschimpfungen als Religionslästerer ein. Andererseits wird er aber auch in Madison als „katholischer Schutzheiliger" kritisiert.

Im November 1858 erreicht ihn die traurige Nachricht von Johanna Kinkels Tod. „Wir haben alles aus den Zeitungen erfahren", so Schurz im Kondolenzbrief an Gottfried Kinkel. „Wir saßen in meinem Zimmer mit Anneke und dessen Frau, als ein Bekannter mich hinausrief, mir ein Blatt mit dem vollständigen Bericht gab. Kein anderer Schlag hätte uns so unerwartet treffen können." Noch sechs Tage von ihrem Tod hatte Johanna in einem Brief an Schurz ganz stolz von ihren Kindern berichtet. Von sich schrieb sie: „Ich bin wieder obendrauf, von allerlei gefährlichen Zuständen glücklich hergestellt, muss mich aber in Acht nehmen." Was war geschehen? Die von Asthma und gelegentlich von Depressionen gequälte Frau war beim Öffnen eines niedrigen Fensters hinausgestürzt. Ihre engste Umgebung ging, genauso wie der Obduktionsbericht, von einem Unfall aus. Der im Londoner Exil lebende Dichter Ferdinand Freiligrath lobt sie in einem langen Gedicht, das zum Bruch mit Marx führt. Darin heißt es:

Ein Schlachtfeld auch ist das Exil –
Auf dem bist du gefallen,
im festen Aug' das eine Ziel,
das eine mit uns allen.

Im Januar 1859 tritt Schurz, nachdem die Zulassung „ohne weiteres" genehmigt worden war, als Rechtsanwalt in die Kanzlei von Halbert E. Paine in Milwaukee ein. Die Familie kommt im Winter dazu, bleibt im Sommer aber in Watertown. Der teilweise Umzug nach Milwaukee, wo Schurz Mitglied des Deutschen Turnvereins und des Musikvereins wird, führt zum allmählichen Abschied von Watertown.

Wahlkampf für Abraham Lincoln

Als Wahlredner bereist Schurz im Herbst 1859 den kürzlich in die Union aufgenommenen Bundesstaat Minnesota, wo im November erstmals gewählt wird. Er legt 600 Meilen mit dem Pferdewagen zurück und hält 31 Reden. Seiner Frau schreibt er am 21. September: „Ich sprach deutsch und englisch mit dem besten Erfolg." Die ungewohnten Anstrengungen gehen aus einem Brief vom 27. September hervor. „Solche Knüppelbrücken, solche Schlammlöcher, solche undurchdringlichen Dickichte von Stumpen habe ich nie gesehen. Fast ein Dutzend Mal hatten wir aus dem Wagen auszusteigen, um die Räder, und zuweilen die Pferde, aus dem Schlamm zu ziehen." Schurz ist inzwischen so bekannt, dass ihm die Bevölkerung zujubelt und er mit Ständchen und Fackelzug empfangen wird.

Schurz wird von den Republikanern Wisconsins als Stimmführer zum Nominierungsparteitag vom 16. bis 18. Mai in Chicago geschickt. Die Delegation ist für den New Yorker Senator William H. Seward als neuen Präsidenten, da er deutlicher als Lincoln für die Abschaffung der Sklaverei eintritt. Seward wird unterliegen, aber als Außenminister den Kabinetten Lincoln und Johnson angehören. 1867 wird er für 7,2 Millionen Dollar den Russen Alaska abkaufen.

Da es doppelt so viele Delegierte wie Wahlmänner gibt, werden die Delegiertenstimmen halbiert. Im ersten Wahlgang liegt Seward mit $173^{1}/_{2}$ Stimmen weit vor Lincoln, der 102 Stimmen erhält. Nicht weniger als zehn weitere Kandidaten teilen sich den Rest der 465 Stimmen. Während des Parteitags wird hinter den Kulissen heftig um die Mehrheit gerangelt. So sollen die Delegierten Pennsylvanias, die im ersten Wahlgang für ihren Kandidaten Simon Cameron gestimmt haben, für Lincoln gewonnen werden. Ihnen wird versprochen, Cameron solle Innenminister werden. Doch Lincoln, der nicht am Parteitag teilnimmt, schickt ein Telegramm: „Ich ermächtige zu keinem Handel und werde mich auch durch keinen in irgendeiner Weise gebunden fühlen." Immerhin wird Cameron, dessen Großvater mütterlicherseits Deutscher war, Kriegsminister werden!

Im zweiten Wahlgang schließt Lincoln auf. Er bekommt 181, Seward 184$\frac{1}{2}$ Stimmen. Der dritte Wahlgang bringt die Entscheidung. Lincoln kommt auf 231$\frac{1}{2}$ Stimmen, Seward auf 180. Anderthalb Stimmen fehlen noch für die notwendige absolute Mehrheit. Da kommen aus Ohio vier Stimmen hinzu. Andere Bundesstaaten wechseln ebenfalls, so dass er 364 Stimmen erhält. Nun geben weitere Delegationen ihre Stimmen für Lincoln ab, der damit einstimmig nominiert wird.

Zu den Männern, die Lincoln in seinem Wohnort Springfield das Ergebnis mitteilen und sein Einverständnis einholen, gehört auch Schurz. Er wird Mitglied des republikanischen Vollzugsausschusses, der den Wahlkampf plant. Er leitet die Abteilung, die sich um Einwanderer kümmert. Er stellt Listen mit Wahlrednern zusammen, die vor Deutschen, Niederländern und Skandinaviern sprechen sollen. Auch eine Korrespondenz für diese Zielgruppe wird eingerichtet. Vom 26. Mai bis zum Wahltermin im November ist Schurz, abgesehen von zwei Wochen Ruhezeit im September, unterwegs, um für Lincoln zu trommeln.

Am 24. Juli 1860 besucht er ihn wieder zu Hause. Schurz an seine Frau: „Von der Präsidentenwahl sprach er mit einer ruhigen und gemütlichen Unbefangenheit, als ob es sich um eine Kartoffelernte handelte. Er erzählte mir von all den Briefen und Besuchen, mit denen er überhäuft würde, und sagte, dass er die, welche gleich um Ämter und dergleichen anfragten, gar nicht beantworte." Männer wie er, Schurz, seien wohl zu stolz für solche Anfragen. Am Abend hält Schurz auf Deutsch und Englisch eine Wahlrede, die Lincoln zu dem Kommentar verleitet, Schurz sei ein toller Bursche. „Jetzt verstehe ich Ihren Einfluss." Am 29. Juli tritt Schurz in Belleville zusammen mit Hecker auf, um für Lincoln zu werben.

Der Wahlkampf ist wegen der vielen Einsatzorte und der organisatorischen Vorbereitungen zwar aufreibend, hat aber auch schmeichelhafte Seiten für Schurz. So berichtet er am 10. September seiner Frau, wie er auf dem Dampfboot auf dem Eriesee zwischen Detroit und Cleveland vom Kapitän erkannt wird und dieser ihm das Fahrgeld zurückerstattet. „Dann räumte er mir seine Kajüte ein, ein hübsches, elegantes Zimmer, rief die Stewards zusammen und erteilte ihnen die Instruktion, dass alles, was dieser Herr befehle, sogleich geschehen müsse. Nun war ich Herr auf dem Schiff und ließ mir's ziemlich wohl sein." Dann stellt Schurz die rhetorische Frage: „Reden ist doch etwas wert – nicht?" Nach einer Rede am 13. September in New York ist er nicht weniger von sich eingenommen. „Ich habe nie so brillant geredet wie gestern Abend. Das ungeheure Auditorium schien wie elektrisiert, und als ich geschlossen hatte, gab es ein förmliches Sturmlaufen auf die Tribüne zu. Das Händedrücken wollte gar kein Ende nehmen."

Am 3. November, drei Tage vor der Wahl, denkt Schurz an die Zeit danach. „Ich werde dann wieder denken können und werde mich wieder besinnen können, dass ich nicht dem großen Kreise allein angehöre. Ich werde sofort meine Vortrags-Verpflichtungen in Ordnung bringen und, sobald es geht, zu Dir eilen", versichert er seiner Frau.

Lincoln gewinnt die Wahl. Er erhält 1.866.452 Stimmen, sein demokratischer Gegenkandidat Douglas 1.376.957, John C. Breckinridge, ein anderer demokratischer Kandidat, 849.781. Von den entscheidenden Wahlmännern entfallen 180 Stimmen aus nördlichen und westlichen Bundesstaaten auf Lincoln, 72 aus dem Süden auf Breckinridge, 12 aus Missouri und New Jersey auf Douglas. Es fehle nichts, schreibt er seiner Frau, „als dass ich Dich in dem Augenblick hier gehabt hätte". Denn: „Dieser Sieg gehört auch Dir, und ich habe seinen Genuss nicht von dem Gedanken an Dich trennen können." Er sehne sich nach „Liebe, Ruhe, Familie, Glück". Er kehrt zur Familie nach Watertown zurück, um sich von den Strapazen des Wahlkampfs zu erholen.

Ohne Zweifel hat der Einsatz von Schurz zum Sieg Lincolns beigetragen – vielleicht sogar entscheidend. Die Stimmen der gebürtigen Deutschen, bisher meist den Demokraten zugeneigt, sind wohl meist der Republikanischen Partei zugute gekommen, in der es damals allerdings auch fremdenfeindliche Stimmungen gab. Zwischen 1851 und 1855 waren 720.000 Deutsche in die USA eingewandert, von denen schätzungsweise 120.000 bis 150.000 erstmals wählen durften, also nicht demokratisch vorgeprägt waren. Außerdem waren es zumeist Deutsche aus dem Umfeld der Revolutionäre von 1848 und damit keine Anhänger der Sklaverei.

Jedenfalls hat es in den fünf nordwestlichen Staaten, in denen sich Deutsche ansiedelten, deutliche Mehrheiten für Lincoln gegeben. Berechnungen für Wisconsin mit einem Deutschenanteil von 69 Prozent gehen davon aus, dass knapp die Hälfte der 86.113 Lincoln-Wähler aus Deutschland stammte. In neuen Veröffentlichungen wird darauf hingewiesen, dass die Zahl der Deutschen, die für die Demokraten stimmten, ähnlich hoch wie bei vorhergehenden Wahlen war. Da die Bevölkerungszahl jedoch zugenommen hatte, schließt dies nicht aus, dass die Republikaner deutlich mehr Stimmen von den Deutschen bekamen. Schurz wird später an seinen alten Freund Petrasch schreiben: „Man sagt mir nach, dass ich Lincoln zum Präsidenten gemacht. Das ist nun gewiss nicht wahr; aber dass man mir's nachsagt, zeigt wohl, dass ich einiges dazu beitrug."

V. General und Staatsmann

Die Sezession der Südstaaten

Bis zum Amtsantritt Lincolns am 4. März 1861 zeigen sich schon erste Abspaltungstendenzen der Sklavenhalterstaaten im Süden der USA. Am 17. November 1860 hat sich das Parlament von South Carolina in einer Proklamation zu „einem freien, souveränen und unabhängigen Staat" erklärt, sich also von der Union getrennt. Sechs weitere südliche Bundesstaaten folgen diesem Schritt. Sie werden sich am 4. Februar 1861 zu den Konföderierten Staaten zusammenschließen. In dieser Zeit zwischen Wahl und Amtsantritt gibt es immer wieder Stimmen, die in der Sklavenfrage zu Kompromissen raten, um die Abspaltung, die Sezession, zu verhindern. Selbst der Amtsverzicht Lincolns zugunsten von Douglas wird öffentlich diskutiert. Schurz ist strikt gegen jeden Kompromiss und würde „in dem Augenblick, wo die Partei von ihren Prinzipien zurücktritt, die Partei verlassen".

Doch Lincoln lässt sich nicht beirren. Am 24. Dezember 1860 schreibt Schurz seiner Frau aus Boston: „Ich kann Dir mit großer Freude sagen, dass die Gefahr einer Erniedrigung der Republikanischen Partei geringer ist als je. Lincoln selbst steht fest wie eine Eiche, und seine Entschlossenheit teilt sich auch den zaghaftesten Mitgliedern der Partei mit." Er macht seiner Frau aber auch deutlich: „Es wird zwischen dem Norden und dem Süden zum Kampf kommen, dessen Dauer abhängen wird von der Entschlossenheit, mit der man ihn führt." Es würde ihn nicht wundern, warnt er seine Frau vor, „wenn auch Dein Mann da wieder in den Dienst gerufen würde".

Dass seine Frau die häufige Abwesenheit nicht sehr erfreulich findet, geht aus einer Bemerkung von Schurz im Januar 1861 hervor: „Ich verstehe Deine Klagen. Ich selbst bedaure ja so oft, wie die Notwendigkeit so grausam ist. Aber ich weiß auch, dass edler Sinn und hohes Pflichtgefühl in diesen Tagen des allgemeinen Ringens in Deinem Innern wohnen wie in meinem eigenen, und dass der Heldenmut Deiner Natur Dich über alle kleineren Bedenken emporheben wird, sobald die größere Pflicht an Deine Tür pocht!"

Am 10. Februar trifft sich Schurz in Springfield mit Lincoln, der ihm den Entwurf seiner Rede bei der Amtseinführung vorliest. Auch bei der Inauguration am 4. März ist Schurz in Washington dabei: „Der große Tag ist da, die Stadt ruhig, das Militär auf den Beinen, eine unübersehbare Masse von Republikanern aus allen Staaten auf den Straßen." Schurz hört von einem diplomatischen Posten für sich, der noch mit Außenminister Seward abgesprochen werden muss. Von Brasilien und Sardinien ist die Rede. Doch am 28. März erhält er aus den Händen Lincolns seine Berufung zum Gesandten in Spanien. Stolz schreibt er am selben Tag: „Nun, mein Weibchen, ist alles gut. Bereite Dich auf die Abreise sobald als möglich vor." Spanien sei neben Mexiko der diplomatisch wichtigste Posten.

So schnell wie beabsichtigt reist das Ehepaar Schurz dann doch nicht ab. Denn mit dem Angriff der Südstaaten auf Fort Sumter bei Charleston in South Carolina wird am 12. April der Bürgerkrieg ausgelöst. Am 15. April beschließt das Kabinett, militärisch gegen die Sezessionsstaaten vorzugehen. Schurz schreibt am 17. April seiner Frau: „Die Kriegslust ist allgemein, alle Welt will marschieren – und ich darf nicht." Statt der von Lincoln geforderten 75.000 Freiwilligen melden sich rund 500.000. Auf eigenen Wunsch erhält Schurz am 29. April einen dreimonatigen Aufschub für seinen Amtsantritt in Madrid, damit er in New York ein Kavallerieregiment aus deutschstämmigen Männern zusammenstellen kann.

Gesandter in Spanien

Mitten in den erfolgreich angelaufenen Vorbereitungen erhält Schurz von Seward die dringende Aufforderung, so schnell wie möglich nach Madrid zu reisen, da Spanien – letzten Endes erfolglos – versucht, die von Unruhen erschütterte Antilleninsel San Domingo (Hispaniola) zu besetzen. Außerdem gilt es, Spanien für die Vereinigten Staaten einzunehmen und eine Annäherung an die Sezessionisten zu verhindern.

Anfang Juni schifft sich Schurz mit Frau und Kindern in New York ein, nicht ohne zuvor noch mit seinem Schwager Heinrich Meyer einen Besuch bei Präsident Lincoln zu machen. Über London, wo er vergeblich versucht, Kinkel zu treffen, wo er aber mit dem amerikanischen Gesandten Charles Francis Adams über die Haltung der europäischen Länder gegenüber den USA spricht, gelangt er nach Paris. Hier trennt er sich von der Familie, da seine Frau das Sommerklima in Spanien nicht verträgt. Sie reist mit den Töchtern zu den Verwandten nach Hamburg.

In Paris staffiert sich Schurz für seine neue Rolle als Diplomat aus. „Die Vorbereitungen zum Hofleben sind nichts weniger als angenehm, und in die Exzellenz-Begriffe kann ich mich noch gar nicht hineinfinden", stöhnt er in einem Brief vom 3. Juli seinem Schwager Adolph Meyer vor. „Der Kopf ist mir ganz toll von all den Goldstickereien, Brokaten und Spitzen, und dazu ist die dumme Affenkomödie so kostspielig, dass mir meine 12.000 Dollar Gehalt für die ersten zwölf

Monate recht wenig vorkommen." Doch wolle man Einfluss haben, so müsse man die Maskerade mitmachen.

Mit dem Zug nach Marseille, mit dem Dampfer nach Alicante, von dort wieder mit der Bahn – so setzt Schurz seine Reise nach Madrid fort, wo er am 12. Juli 1861 eintrifft. Da Königin Isabella II., die 1843 als Dreizehnjährige nach bürgerkriegsähnlichen Kämpfen den Thron bestiegen hatte, zum Sommeraufenthalt nach Santander aufbrechen will, wird Schurz schon am Abend darauf zum Antrittsbesuch empfangen. Seinen Eltern schildert er den protokollwidrigen Auftritt – er trägt nur einen Frack, da die Diplomatenuniform noch nicht aus Paris eingetroffen ist – sehr amüsiert. Außerdem hat er das offizielle Beglaubigungsschreiben vergessen und statt dessen eine Zeitung in den Umschlag gesteckt. „Die Präsentation des Credenzbriefes ging mit dem üblichen Schnickschnack vor sich; ich hielt eine Rede an die Königin auf Englisch, wovon sie kein Wort verstand, und sie antwortete mit einer Rede auf Spanisch, wovon ich auch kein Wort verstand, und wir waren beide miteinander sehr zufrieden."

Im Madrider Königspalast überreichte Schurz Königin Isabella II. sein Beglaubigungsschreiben als Gesandter.

73

Madrid, wo Schurz ein Landhaus mit einem großen Garten bewohnt, gefällt ihm nicht besonders. Es sei eine Stadt, „nicht großartiger als eine deutsche Residenz zweiten oder dritten Ranges". Etwas überheblich klingt auch seine Beurteilung der Spanier: „Das Volk ist den übrigen Bewohnern Westeuropas um ein Jahrhundert in der Zivilisation zurück." Natürlich gebe es Ausnahmen. Noch krasser heißt es in einem Brief vom 11. Oktober an Althaus: „Ein ödes Land und ein unkultiviertes Volk." In der Politik herrsche Korruption, es gebe keine konstitutionelle Freiheit. Undiplomatische Worte – aber er äußert sich ja als Privatmann.

Als Diplomat setzt er dem spanischen Außenminister Saturnino Calderon Collantes auseinander, dass der Norden den Bürgerkrieg gewinnen werde. Bei einem Sieg der Südstaaten wären überdies Spaniens westindische Besitzungen in Gefahr, annektiert zu werden. Calderon sichert strengste Neutralität zu. Auf die Sklavenfrage geht er nicht ein, weil in den spanischen Kolonien selbst noch Sklaverei herrscht.

Nach der Niederlage des Nordens am 21. Juli bei der Schlacht von Bull Run in der Nähe des Eisenbahnknotenpunktes Manassas westlich von Washington verstärkt sich der Wunsch von Schurz zur Rückkehr: „Ich möchte zehn Mal lieber in Amerika mitkämpfen als hier in Europa unsere Niederlage beschönigen."

Die Stimmung in Spanien und anderen europäischen Ländern neigt sich den Südstaaten zu. Dagegen gibt es für Schurz „nur ein Mittel, um der Sache eine entscheidende Wendung zu geben; und das ist, die Freiheit aller Sklaven zu proklamieren", schreibt er Althaus. Ähnlich argumentiert er aber auch offiziell gegenüber Seward. Von der offiziellen Vorgabe an die europäischen Gesandten, den Sezessionskrieg als Auseinandersetzung um den Bestand der Union zu interpretieren, in der Sklavenfrage solle alles beim Alten bleiben, hält er nichts. Er bittet offiziell um Urlaub, in Wirklichkeit will er von seiner Position in Madrid entlassen werden. Er reist unbehelligt durch Preußen nach Hamburg, wo er seine Familie trifft, und im Januar 1862 kehrt er mit dem Dampfer „Bavaria" über Southampton in die USA zurück. Nachfolger in Madrid wird der ebenfalls aus Deutschland stammende Gustav Körner.

Sein bisheriges Wirken wird von Gesinnungsfreunden recht unterschiedlich beurteilt. Der politische Schriftsteller Arnold Ruge, mit Schurz seit Londoner Zeiten bekannt, meint am 24. April 1861 gegenüber Gottfried Kinkel: „Mit nicht geringer Befriedigung habe ich Schurz' Reden gelesen. Er hat seine Zeit gut angewendet, sich vortrefflich entwickelt." Gallig und bitter äußert sich sein ehemaliger Chef Fritz Anneke am 17. Dezember 1861 ebenfalls zu Kinkel: „Don Carlos Schurzio hat sich in den Vereinigten Staaten vollständig tot gemacht. Seine grenzenlose Selbstsucht, sein rücksichtsloses Jagen nach Geld und Ehren hat ihm das Genick gebrochen." Im selben Brief teilt Anneke mit, er sei zum Kommandeur des Wisconsin-Artillerie-Regiments ernannt worden, habe aber nichts zu tun.

74

Der Brigadegeneral

Im US-amerikanischen Bürgerkrieg prallen die gegensätzlichen Vorstellungen der Nord- und Südstaaten aufeinander.

Von New York eilt Schurz zu Seward und Lincoln nach Washington, um zu berichten und um über seine künftige Verwendung zu reden. Aber auch die politische Entwicklung bespricht er mit Lincoln. Ein Ergebnis ist, dass Lincoln am 6. März 1862, als Schurz in einer Rede in New York für die Aufhebung der Sklaverei eintritt, dem Kongress, also Senat und Repräsentantenhaus, den Entwurf einer gemeinsamen Resolution vorlegt. Darin wird jedem Bundesstaat eine finanzielle Hilfe zugesagt, wenn er die allmähliche Aufhebung der Sklaverei beschließt. Die Resolution wird angenommen, doch kein Bundesstaat geht auf dieses Friedensangebot ein. Ende April wird der Kongress ein Gesetz annehmen, das die Sklaverei im Hauptstadtdistrikt Columbia verbietet. Das hatte Schurz schon am 6. März gefordert.

Seinen Eltern schreibt Schurz am 13. März: „Meine Angelegenheiten hier verschleppen sich von Tag zu Tag, so dass ich auch heute noch nicht weiß, woran ich bin." Lincoln sei der Auffassung, dass nur eine Stelle in der Armee, nicht in der Zivilverwaltung in Frage kommt. Langweilig wird es Schurz in Washington nicht. „Alle Deutschen, die bei der Regierung etwas zu tun haben, wenden sich an mich." Am 25. März wird er zum Brigadegeneral der Freiwilligen ernannt.

Schurz gehört zu den „politischen Generalen", Militärs, die aus überwiegend politischen Gründen ernannt werden. Doch ganz ohne Erfahrungen ist er nicht. Im Revolutionsjahr 1849 war er immerhin Oberleutnant. In der Schweiz gehörte der bekannte Militärschriftsteller Wilhelm Rüstow, 1864 Sekundant im tödlichen Duell des sozialdemokratischen Parteiführers Ferdinand Lassalle, zu seinen Bekannten. In den USA betrieb er entsprechende Studien, wie er am 25. Mai 1854 an Johanna Kinkel schrieb: „Sagen Sie Kinkel, dass ich möglichst eifrig militärische Dinge studiere." In Spanien las er Bücher über wichtige Schlachten und übersetzte ein Werk über Taktik vom Englischen ins Französische.

Der General wird der Berg-Armee Fremonts, des republikanischen Präsidentschaftsbewerbers von 1856 und zeitweiligen Kandidaten von 1864, zugeteilt. Fremont leitet eines der drei Armeedepartements; an der Spitze der Potomac-Armee steht George B. McClellan, 1864 demokratischer Gegenkandidat von Lincoln, die Mississippi-Armee führt Henry W. Halleck.

Anfang Juni bricht Schurz mit seinem Generalstab aus deutschen Offizieren auf und gelangt nach einer etwas abenteuerlichen Reise am 10. Juni in Harrisburg in Virginia an. Hier treffen sie zuerst auf die schlecht ausgerüsteten Truppen, dann auf Fremont. Zitat über diesen Tag aus den Aufzeichnungen von Schurz, die für die Zeit von Juni 1862 bis Januar 1863 erhalten sind: „Nach Mittag kommt die Armee an, in miserablem Zustand. Reiter, Fußgänger, viele barfuß, Geschütze und Wagen marschieren oder vielmehr schleichen durcheinander. Endlich Fremont an der Spitze des Stabes und einige Kavallerie. Gute Aufnahme, langes Gespräch über allgemeine Verhältnisse. Fremont schickt nach mir spät abends. Ordre vom Präsidenten, Harrisburg zu halten. Unmöglichkeit. Fremont entschließt sich, nach Mount Jackson zurückzugehen."

Schurz wird Kommandeur einer Division aus zwei Brigaden. Fremonts Berg-Armee wird nach Lincolns Befehl vom 26. Juni umorganisiert und als Armee von Virginia unter Befehl von General John Pope gestellt. Fremont tritt zurück und seine Stelle als Kommandeur des ersten Korps der Virginia-Armee nimmt Franz Sigel ein, einstiger badischer Kriegsminister und alter Bekannter von Schurz. 1902 wird er die Trauerrede für Sigel halten, dessen Denkmal in New York nicht weit von dem für Schurz steht.

Seiteneinsteiger Schurz, der von den in der Militärakademie Westpoint ausgebildeten Offizieren kritisch beobachtet wird, kümmert sich um seine Division. Er lässt sie unter seinem Kommando regelrecht exerzieren und erntet dafür Lob von Sigel. Alexander von Schimmelpfennig, einer seiner Obersten, fragt, wo er das gelernt habe. Schurz antwortet: „Zuerst von Ihnen, und dann aus den Büchern, die Sie mir empfohlen haben." Denn Schimmelpfennig war wie Schurz in Zürich im Exil.

Carl und Margarethe Schurz in den 1860er Jahren.

Anfang Juli kann Margarethe ihren Mann in Virginia sechs Tage lang besuchen. Hier trifft sie auch ihren Neffen Willy Westendarp, der in Schurz' Stab tätig ist. „Oh wie weh es einem tut – dieser Friede der Natur und zugleich die Zerstörung von Menschenhänden, das glaubt Ihr gar nicht!", schildert sie den Schwiegereltern ihren Eindruck während der Fahrt durch das Kriegsgebiet.

In der zweiten Schlacht am Bull Run River Ende August schlagen sich Sigel und Schurz vortrefflich, können aber eine Niederlage der Nordstaatenarmee nicht verhindern. Sie werden heftig kritisiert, unterschwellig und auch offen wegen ihrer Herkunft. So wird McClellan in seinen 1887 erscheinenden Erinnerungen die angeblich seltenen Erfolge deutscher Regimenter darauf zurückführen, „dass ihre Offiziere so oft Männer ohne Charakter waren". Die Verärgerung Sigels über Halleck, die auf einem Zerwürfnis vom Februar 1862 wegen der Nichtweitergabe von Papieren Sigels an Lincoln beruhte, wärmte General U. S. Grant zum neuerlichen Ärger von Sigel in seinen 1886 erscheinenden Memoiren wieder auf. Halleck über Sigel, im März Sieger von Pea Ridge in Arkansas: „Er tut nichts anderes als laufen und hat nie etwas anderes getan." Zu dieser unfairen Behauptung passt die Verleumdung Hallecks, die wegen der Revolution 1848/49 verurteilten politischen Flüchtlinge, die nun Offiziere sind, seien Verbrecher. 1864 wird Schurz mit General Joseph Hooker wegen falscher Berichte eine Auseinandersetzung haben, in der er eindeutig rehabilitiert werden wird. Immerhin wird Schurz wegen Bull Run II von Lincoln und vom neuen Kriegsminister, Camerons Nachfolger Edwin M. Stanton, gelobt.

Nach dem Sieg der Nordstaaten am 17. September bei Antietam in Maryland, nördlich der Bundeshauptstadt, erlässt Lincoln am 27. September mit Wirkung vom 1. Januar 1863 seine Proklamation der Sklavenemanzipation. Sie macht klar, dass es im Krieg nicht nur um die Einheit der Union geht, sondern um die Freiheit für die Negersklaven. Er führt alle Gebiete der USA auf, „deren Bevölkerung sich im Aufstand gegen die Vereinigten Staaten befindet" und erklärt, dass alle hier als „Sklaven gehaltenen Personen frei sind". Den für frei Erklärten schärft er Gewaltlosigkeit ein. Er empfiehlt ihnen, „für angemessene Entlohnung treue Arbeit zu leisten". Außerdem könnten sie sich zum Waffendienst melden.

Im eigenen Land löst die Proklamation ein überwiegend kritisches Echo aus. Die Demokraten erzielen bei den Novemberwahlen im Norden überraschend gute Ergebnisse, die zum Teil auf die mangelnden militärischen Erfolge zurückzuführen sind. Schurz schreibt am 8. November einen besorgten Brief an Lincoln, die Regierung müsse sich energisch für Siege des Nordens einsetzen. Der Präsident lädt ihn zu einem Gespräch ein, in dem er ihm die langfristige Politik erläutert. Am 20. November drängt Schurz erneut. „Das Volk hat Vertrauen gesät und Unglück und Enttäuschung geerntet." Ende November treffen sich beide in Washington zu einer klärenden Aussprache.

Unter Ambrose E. Burnside, für kurze Zeit Nachfolger McClellans als Oberbefehlshaber der Potomac-Armee, ist Schurz in Sigels 11. Armeekorps im Dezember 1862 an den Kämpfen um Fredericksburg beteiligt. Sie enden am 13. Dezember mit einer Niederlage der Nordstaaten-Streitkräfte.

Der Generalmajor

Burnsides Nachfolger Joseph Hooker organisiert die Potomac-Armee im Frühjahr 1863 um. Sigel verliert seinen Posten als Chef des Korps und Oliver O. Howard wird sein Nachfolger, nicht Schurz, wie er Ende März noch hofft. Schurz wird am 14. März zum Generalmajor ernannt und am 4. April vereidigt. Er behält die dritte Division des elften Armeekorps, das um einige Regimenter verstärkt wird. Eines von ihnen leitet Friedrich Hecker als Oberst.

Schurz ist an der Schlacht vom 2. bis 6. Mai bei Chancellorsville in Virginia beteiligt, die der Norden trotz zahlenmäßiger Überlegenheit verliert. Über den Anteil des elften Infanteriekorps unter Howard, zu dem die Schurzsche Division gehört, entstehen lang anhaltende Auseinandersetzungen. Die Division Schurz, als erste vom Konföderiertengeneral Thomas J. „Stonewall" Jackson angegriffen, der in dieser Schlacht von den eigenen Leuten tödlich verletzt wird, sei geflohen, wird in Zeitungen kolportiert. Weder Bitten noch Drohungen noch Befehle des Kommandierenden seien beachtet worden. Schurz sieht die Schuld bei den Vorgesetzten. Er wirft Hooker defensives Verhalten statt „fröhlicher Offensive" vor, Howard Nichtbeachtung von Warnungen vor einem Flankenangriff, der dann tatsächlich erfolgt. Der Angriff fordert viele Opfer. Ein Augenzeuge: „Hier hätte sich Schurz noch mehr ausgezeichnet, wären seine wiederholten Ratschläge befolgt worden."

In dieser Zeit lernt der junge württembergische Offizier Ferdinand Graf Zeppelin, der als Beobachter am Sezessionskrieg teilnimmt und sich zeitweise im Generalstab von Hooker aufhält, Schurz kennen. Der spätere Erfinder des Luftschiffes hält Schurz mangelnde soldatische Fähigkeiten vor, die er durch Eitelkeit kaschiere.

An der kriegsentscheidenden Schlacht von Gettysburg in Pennsylvania vom 1. bis 3. Juli unter Oberbefehlshaber George G. Meade, der Hooker abgelöst hat, nimmt Schurz teil. Am ersten Tag der Schlacht befehligt Schurz das ganze elfte

Korps, an den beiden anderen Tagen seine dritte Division. Deren beide Brigaden stehen unter Leitung von Brigadegeneral Alexander von Schimmelpfennig und Oberst Wlodimierz Kryzanowski. Der erste Tag sieht die Truppen des Südstaatengenerals Robert E. Lee im Vorteil, der zweite endet unentschieden, der dritte Tag bringt die Entscheidung für die Union. Vervollständigt wird der Sieg des Nordens am 4. Juli, dem Nationalfeiertag, durch den Erfolg von Vicksburg, der die Kontrolle über das gesamte Mississippital bringt. Am 19. November 1863 wird Lincoln bei der Einweihung des Soldatenfriedhofs seine berühmte Gettysburg-Rede halten. Er wird die Schlacht als Kampf um die Einheit der Nation definieren, „welche der Freiheit ihr Dasein verdankt und welche auf den Grundsatz vereidigt ist, dass alle Menschen als Gleiche erschaffen sind".

Mit Gettysburg ist ein Ereignis verbunden, das ein bezeichnendes Licht auf Schurz wirft: Ein junger Mann aus einem Regiment der Schurz-Division flieht, wird gefasst und vom Kriegsgericht zum Tod verurteilt. Bevor Schurz die Exekution veranlasst, prüft er den Fall. Er findet, dass der Achtzehnjährige von zwei älteren Männern zur Flucht verleitet worden war und sich seines Vergehens kaum bewusst war. Schurz veranlasst General Howard, beim Kriegsminister um Aufhebung des Urteils zu bitten. Bis zum vorgesehenen Exekutionstermin trifft keine Entscheidung aus Washington ein, so dass Schurz auf eigene Faust die Vollstreckung des Urteils verhindert. Später kommt die Begnadigung von Lincoln, dem Schurz den Fall in der Zwischenzeit geschildert hatte. Der junge Mann bewährt sich als einsatzfreudiger Soldat.

Anfang September 1863 verbringt Schurz einige Tage mit seiner Familie, die sich in Bethlehem nördlich von Philadelphia aufhält. Seinen Eltern, die die Farm in Watertown verwalten, schreibt er am 10. September: „Endlich stehen die Sachen so, dass wir uns begründeten Hoffnungen auf baldige Beendigung des Krieges hingeben dürfen."

Die auf drei Brigaden aufgestockte dritte Division wird mit dem elften und zwölften Armeekorps am 25. September 1200 Meilen nach Westen, nach Alabama, verlegt. Kurz darauf, am 3. Oktober, prophezeit Schurz seinem alten Freund Petrasch: „In dieser Nation, der Summe, dem Amalgam aller zivilisierten Nationalitäten, liegt eine Titanenkraft, die sich wie eine Riesenlokomotive der Menschheit vorspannen wird. Das alte Europa wird ihren Zug fühlen." Seiner zehnjährigen Tochter Agathe schildert er am 9. November verständlich die Situation im Sklavenhalterstaat Tennessee: „Es gibt hier einzelne reiche Leute, welche sehr viele Neger besitzen. Diese Neger tun alle Arbeit für sie, und die reichen Herren sind also zu dem Gedanken gekommen, dass sie selbst nicht zum Arbeiten, sondern zum Regieren und Herrschen geboren sind. Sie wollen aber nicht nur ihre Neger beherrschen, sondern auch die armen weißen Leute." Die sollten auch dumm gehalten werden, daher gebe es weniger Schulen als im Norden.

Die Schlacht vom 23. bis 25. November bei Chattanooga in Tennessee, nicht weit von der Grenze zu Georgia und Alabama, macht Schurz unter Oberbefehl von Ulysses S. Grant mit. Doch seine Division wird kaum eingesetzt. Mit der Erstürmung des Missionary Ridge endet die Schlacht siegreich für den Norden.

Im Lookout Valley in Tennessee verbringt Schurz die Wintermonate 1863/64. Klar ist für ihn jetzt schon, wie er seinen Eltern am 24. Januar schreibt: „Ich gedenke jedenfalls, an der kommenden Präsidentschaftswahl teilzunehmen." Das elfte und zwölfte Armeekorps wird zum zwanzigsten Korps zusammengezogen. Schurz wird, nachdem er den März bei Frau und Kindern in New York verbracht hat, zum Kommandeur eines Instruktionskorps in Nashville ernannt. Hier werden neu angeworbene Regimenter zum Felddienst ausgebildet. In den Schlachten von Franklin und Nashville im Dezember 1864 werden sie ihre Fähigkeit erfolgreich unter Beweis stellen.

Im Wahlkampf

Lincoln wird am 8. Juni 1864 in Baltimore von seiner Partei einstimmig zur Wiederwahl als Präsident nominiert. Als Vizepräsident wird mit 494 Stimmen Andrew Johnson, Gouverneur in Tennessee, vorgeschlagen. Daniel S. Dickinson bekommt 17, der bisherige Vizepräsident Hannibal Hamlin 9 Stimmen. Schurz erhält im Juli den erbetenen Urlaub für den Wahlkampf. Nach dem Parteitag der Demokraten, die Ende August in Chicago General McClellan nominieren, beginnt die politische Auseinandersetzung. Schurz reist durch das Land und betont in seinen Reden die absolute Unvereinbarkeit der Sklaverei mit einer freien Regierung. So appelliert er am 16. September in Philadelphia an das Nationalgefühl: „Das Ziel des Nordens ist eine freie Republik, so stark, dass man ihre Gunst suchen wird, ehe eine Macht auf Erden es unternimmt, den Frieden der Welt zu stören." Diese Rede wird, wie viele andere, auf Englisch und Deutsch auch als Broschüre verbreitet. Bei der Wahl am 8. November erhält Lincoln 55,09 Prozent der mehr als vier Millionen abgegebenen Stimmen, McClellan kommt auf 44,91 Prozent. Von den Wahlmännerstimmen entfallen 212 auf Lincoln, nur 21 auf McClellan.

Am 30. Dezember 1864 wird Schurz zum dritten Mal Vater einer Tochter. In Bethlehem kommt Emilie Savannah (Emmy) zur Welt. Der zweite Vorname ist eine Erinnerung an den Sieg von General William T. Sherman bei Savannah in Georgia. Das Mädchen wird allerdings zum großen Kummer der Eltern im Alter von zweieinviertel Jahren in St. Louis sterben.

Schurz kehrt zur Armee zurück. Er übernimmt 1865 das Rekrutieren von Veteranenkorps, um den Norden für den Frühjahrsfeldzug gegen Richmond in Virginia, die Hauptstadt der Konföderierten, zu stärken. Ende März trifft er Lincoln, der am 31. Januar im Kongress den 13. Verfassungszusatz mit der Aufhebung der Sklaverei durchgebracht hatte. Dieses Treffen in City Point bei Washington ist ihre letzte Begegnung. Anfang April wird Schurz Stabschef und Zweitkommandierender in Henry W. Slocums Georgia-Armee, die aus zwei Korps besteht.

Am 9. April 1865, Palmsonntag, kapituliert Lee gegenüber Grant in Appomattox in Virginia. Damit ist der Krieg offiziell beendet. Doch gibt es verstreut immer wieder einzelne Kämpfe. So wird Raleigh, die Hauptstadt von North Caro-

Präsidentschaftswahlkampf 1864: Lincoln gegen McClellan.

lina, erst am 12. April übergeben und Schurz zieht am 13. April dort ein. Hier erfährt er am 17. April, dass Lincoln am 14. April, Karfreitag, im Ford-Theater in Washington von dem Schauspieler John Wilkes Booth tödlich verletzt worden war und am Karsamstag seinen Verletzungen erlegen ist. Am 18. April schreibt Schurz seiner Frau: „Ein Donnerschlag hätte uns nicht unerwarteter, nicht furchtbarer treffen können. Der gute, alte Lincoln!" Der Mörder habe den besten Freund des Südens getötet. „Unserem Triumph ist die Lust des Jubels abgeschnitten." Frau Schurz nimmt am 20. April in Bethlehem an einer Trauerfeier für Lincoln

Durch ein Attentat im Ford-Theater in Washington wird Lincoln tödlich verletzt.

teil. „Wir waren alle in Schwarz gekleidet, und es war mir zumute, als ginge ich hinter der Leiche eines alten, treuen Vaters her." Am 4. Juni wird Lincoln, nach Trauerfeierlichkeiten in vielen Städten der USA, in Springfield beigesetzt, wo seine politische Karriere begonnen hatte.

Am Bürgerkrieg haben auf Seiten der Nordstaaten etwa 216.000 Deutsche teilgenommen. Auch unter den Offizieren war ihr Anteil beachtlich. Es gab allein neun Generalmajore, darunter Schurz, Sigel und August von Willich.

Eine Informationsreise in die Südstaaten

Nach der Kapitulation des Konföderiertengenerals Joseph E. (Joe) Johnston gegenüber Sherman am 26. April 1865 nimmt Schurz Abschied von der Armee, nicht ohne seine zerschossene Divisionsfahne mitzunehmen. Er trifft sich mit seiner Familie in Bethlehem. Seinem Schwager Heinrich Meyer schildert er das Familienleben: „Die Uniform ist ausgezogen, der Säbel hängt an der Wand; mit der Reitpeitsche und den Sporen spielen die Kinder."

Bei einer großen Militärparade in Washington begegnet er dem neuen Präsidenten Andrew Johnson. Nach dessen Amnestieproklamation für den Süden vom 29. Mai kritisiert er die Regelung für North Carolina, da sie die Sklavenhalter begünstige, ihre Macht weiter auszuüben. Johnson lädt Schurz Mitte Juni ins Weiße Haus ein und bittet ihn, in den Süden zu reisen und Vorschläge zur Angleichung an den Norden zu machen. Die Union der politischen Form nach wiederherzustellen, sei einfach, ist die Meinung von Schurz in einem Brief vom 25. Juni an Althaus. Doch: „Die Union soll rekonstruiert werden aufgrund der Resultate der großen sozialen Revolution, die sich während des Krieges im Süden vollzogen hat." Die ehemaligen Sklavenstaaten wollten jedoch die Stellung der früheren Sklaven so fixieren, dass sie der Sklaverei so nahe wie möglich kommt.

Anfang Juli bricht Schurz zu seiner Erkundungsfahrt auf, von der er am 9. August aus Atlanta in Georgia berichtet: „Die Hauptstraßen, besonders der ganze Geschäftsteil, liegen in Trümmern. Man hat eben angefangen, aus den Ziegeln der Ruinen kleine einstöckige Gebäude aufzuführen. Das Ganze macht einen traurigen Eindruck." Am 27. August kommentiert er aus Jackson in Mississippi die Lage im Süden: „Dies ist das verkommenste, demoralisierteste Volk, das ich je gesehen habe. Der Einfluss der Sklaverei hat seine sittlichen Begriffe verletzt. Jeder nimmt, was ihm beliebt."

Für ihn ist klar, dass die Truppen aus dem Norden einstweilen hier bleiben müssen, sonst würden die südlichen Staaten „in Blut schwimmen". In der Tat werden die letzten Soldaten 1877 die einst konföderierten Staaten verlassen. Von der friedfertigen Haltung der Schwarzen ist Schurz begeistert. „Man beschuldigt den Neger mit Unrecht, dass er nicht arbeiten will. Die Neger sind die einzigen Leute, die hier arbeiten." Er wolle mit seinem Bericht dem Volk des Nordens die Augen öffnen.

Seinen Report legt er am 22. November dem Präsidenten vor. Der war offenbar an dem Bericht und seiner Veröffentlichung wenig interessiert. Wohl deshalb, weil er während der Reise von Schurz den „jüngst an der Rebellion beteiligten Staaten" Rechte eingeräumt hat, die eine schnelle Selbstregierung vorsehen und die bisherigen Sklavenhalter begünstigen. Zu den Vorschlägen von Schurz gehört natürlich, den entlassenen Sklaven nach und nach das Wahlrecht zu verleihen und das Militär noch nicht abzuziehen. Im Dezember befasst sich der Kongress mit der Entwicklung im Süden und spricht sich gegen Johnsons allzu entgegenkommende Pläne aus. Außerdem beschließt er am 12. Dezember, dass die Stellungnahme von Schurz veröffentlicht wird. Das geschieht am 17. Dezember zusammen mit einem Bericht von Grant, der am 24. November in den Süden gereist war, und mit einer Botschaft Johnsons, in der er die Lage überaus optimistisch darstellt. Johnson bemerkt kurz darauf bedauernd, es sei sein einziger Fehler gewesen, Schurz in den Süden zu senden.

Auseinandersetzungen zwischen radikalen und gemäßigten Republikanern und Streitigkeiten über Zuständigkeiten zwischen Kongress und Präsident prägen die Politik. So lehnt Johnson 29 vom Kongress vorgelegte Gesetze mit seinem Veto ab, von denen 15 mit Zweidrittelmehrheit doch noch in Kraft gesetzt werden. Nach der Entlassung von Kriegsminister Stanton durch Johnson wird das dritte Amtsenthebungsverfahren gegen ihn eingeleitet. Das Verfahren wird am 16. Mai 1868 scheitern, da eine Stimme für die erforderliche Zweidrittelmehrheit fehlt.

Der Journalist

Noch im Dezember 1865 erhält Schurz von seinem republikanischen Parteifreund Horace Greeley, Verleger der „New York Tribune", das Angebot zur Leitung des Hauptstadtbüros. Schurz sagt aber nur für die Zeit des gerade tagenden Kongresses zu. Zum 1. März 1866 wird er Chefredakteur der neu gegründeten „Detroit Post". Seinen Eltern schreibt er am 11. Mai: „Ich habe ein Feld gefunden, auf dem ich eine sichere Existenz gründen kann." Frau und Kinder leben im Sommer mit den Eltern auf der Farm in Watertown, wo Schurz sie für einige Tage Landleben besucht. Wenn Schurz auch klagt, er müsse schaffen wie ein Karrengaul, zumal er auch Beiträge für den „Atlantic Monthly" und die Leipziger „Gartenlaube" schreibt und Vorlesungen über Deutschland nach dem preußisch-österreichischen Krieg hält, so haben Besucher einen anderen Eindruck: „Schurz, behaglich auf seinem Drehstuhl sitzend und eine Zigarre schmauchend, empfing uns auf das Freundlichste, und bald war ein Gespräch über politische Tagesfragen im Gange."

Vor dem Umzug nach Detroit, bei dem ein großer Teil seiner Briefe und Erinnerungsstücke im dortigen Bahnhof verbrannt ist, hat Schurz die Farm in Watertown verkauft. Die Eltern ziehen nach Monee bei Chicago zur Familie von Tochter Anna.

Im März 1867 bekommt Schurz das Angebot aus St. Louis, zu günstigen Bedingungen Miteigentümer und Redakteur der „Westlichen Post" zu werden, einer großen deutschsprachigen Tageszeitung. Bevor der Vertrag Mitte April abgeschlossen wird, stirbt die jüngste Tochter Emmy. Dieser Verlust trifft die ganze Familie hart, vor allem aber die kränkliche Mutter. Margarethe reist deshalb mit den beiden Töchtern zur Wiederherstellung ihrer Gesundheit nach Europa. Sie trifft die Verwandten in Hamburg, erholt sich im schweizerischen Bad Ragaz und hält sich im Winter 1867/68 in Wiesbaden auf. Dort gehen die Kinder in die Schule.

Schurz muss „sich mit 100 Dingen beschäftigen, die verhältnismäßig Kleinigkeiten sind". Lieber würde er längere Beiträge schreiben und Zusammenhänge erläutern. „Es ist doch schade, dass ich nicht reich bin und arbeiten kann, wie ich will. Ich leistete mehr." Immerhin gibt er einem jungen Journalisten namens Joseph Pulitzer, kürzlich aus Ungarn eingewandert, eine Chance, die dieser auch nutzt. An ihn erinnern die jährlich verliehenen Pulitzer-Preise für publizistische Leistungen. Die Freizeit genießt Schurz mit Besuchen, Briefeschreiben, Billardspielen und im Theater, wo er Edwin Booth, erlebt, den Bruder des Lincoln-Attentäters.

Treffen mit Bismarck

Am 5. Dezember 1867 startet Schurz mit der „America" von New York nach Bremen. Über Hamburg reist er zum Wiedersehen mit der Familie nach Wiesbaden, wo sie auch Weihnachten feiern. Am Jahresbeginn 1868 hält er sich in Berlin auf, wo er zu zwei ausführlichen Gesprächen und einer kurzen Begegnung mit Otto von Bismarck, Kanzler des Norddeutschen Bundes und preußischer Ministerpräsident, zusammentrifft.

„Bismarck ist, was immer seine üblen Eigenschaften sein mögen, jedenfalls ein außerordentlicher Mensch." Diesen Eindruck teilt er am 3. Februar seinem Schwager Heinrich Meyer mit. In seinen Lebenserinnerungen schildert er Bismarck so: „Er war damals 53 Jahre alt und auf der Höhe seiner geistigen und körperlichen Kraft. Seine Züge, die offenbar sehr streng blicken konnten, wenn er wollte, waren von einem freundlichen Lächeln erhellt." Bismarck vermutet, er habe Schurz Anfang der 50er Jahre im Zug gesehen. Schurz erwidert, zu jener Zeit sei er im Ausland gewesen. Außerdem hätte ihn Bismarck wohl wegen der Kinkel-Befreiung festnehmen lassen. Darauf Bismarck: „O nein, sie hat mir Spaß gemacht." Jedenfalls ist der Kanzler von Schurz beeindruckt. „Als Deutscher bin ich stolz auf Carl Schurz", wird er später dem amerikanischen Gesandten Andrew D. White sagen. Malwida von Meysenbug meint nach dem Treffen, Bismarck werde Schurz eine wichtige Stelle in Preußen anbieten. Doch Schurz berichtet Kinkel am 24. Februar 1868: „Die Versuchung, wieder nach dem alten Vaterlande überzusiedeln, trat diesmal ziemlich lockend an mich heran. Aber ich kann mich nicht dazu entschließen." Er habe nun einmal in Amerika tiefe Wurzeln geschlagen.

Auf der Rückreise nach Wiesbaden macht Schurz Halt in Köln. Im nahen Lind besucht er die Familie seines Vetters Heribert Jüssen, mit dessen Pass er sich 1850 in Deutschland aufgehalten hatte. Am 4. März sticht Schurz in Hamburg mit dem Dampfer „Germania" in See. Frau und Kinder bleiben noch in Deutschland. Schurz tröstet seine Frau: „Was für eine köstliche Zeit haben wir doch miteinander gehabt! Wie viele Stunden wahren Herzensglücks. Wie prächtig waren unsere Kinder! Wie viel Liebe wurde uns von den Brüdern und Schwestern entgegengetragen!"

Gefeiert und befehdet – der Senator

Als republikanischer Präsidentschaftskandidat wird der Nordstaatengeneral Grant am 20. Mai in Chicago nominiert. Schurz leitet die Delegation von Missouri und zeitweilig auch den Nationalkonvent. Sein Eindruck: „Im Großen und Ganzen nahm das Volk die Kandidatur General Grants als die eines verdienstvollen und vertrauenswürdigen Mannes gut auf." Auch Schurz vertraut ihm anfangs und setzt sich guten Gewissens für ihn ein. Später wird er zum härtesten Kritiker werden.

Amtseinführung von Präsident U.S. Grant vor dem Capitol.

Grant gewinnt die Wahl gegen den Demokraten Horatio Seymour mit 206 zu 88 Wahlmännerstimmen. Und Schurz gewinnt im Januar 1869 die innerparteiliche Kandidatur für den Senat gegen General Ben Loan. Er fordert seinen Kontrahenten und dessen Förderer, Senator Charles D. Drake, in der Hauptstadt Jefferson City zur Debatte heraus. Er hält bewusst eine eher trockene Rede, um die Konkurrenz zu täuschen. Drake fällt darauf herein, trumpft auf und denunziert ihn als ausländischen Querulanten. Die Zuhörer, die die Deutschen als gute Nachbarn kennen, sind empört. Schurz erinnert an den verdienstvollen Einsatz der Deutschen im Bürgerkrieg, während Drake sich in sein Rechtsanwaltsbüro zurückgezogen habe. Der Jubel für Schurz kennt keine Grenzen, während Drake in sein Hotel eilt, seine Sachen packt, darunter die noch nasse Wäsche, und abreist.

Am 20. Januar wird Schurz vom Parlament in Jefferson City zum Senator gewählt. Es ist das protokollarisch dritthöchste Amt der USA – nach dem des Präsidenten und des Obersten Bundesrichters. Am 4. März – zwei Tage zuvor war Schurz 40 Jahre alt geworden – ist die Amtseinführung von Grant und Schurz wird als Senator vereidigt. Im letzten Absatz der noch von ihm verfassten Lebenserinnerungen hält Schurz diesen Tag fest. „Deutlich erinnere ich mich meiner Gefühle, als ich meinen Sitz einnahm – sie erdrückten mich

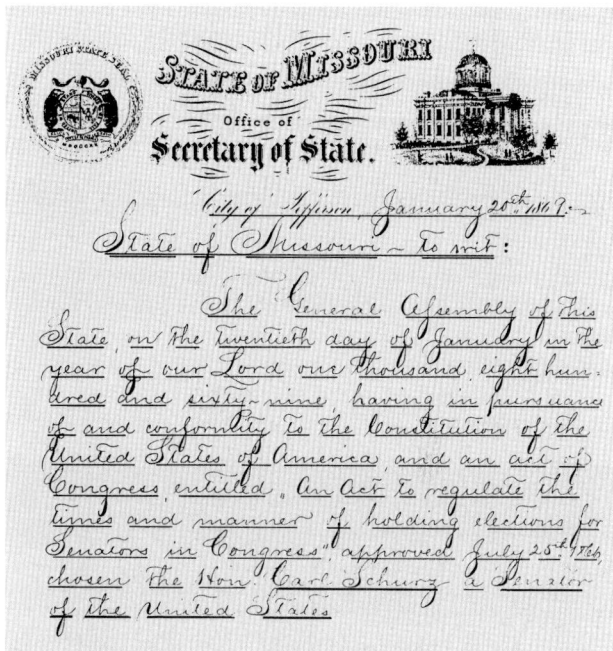

Ernennungsurkunde zum Senator von Missouri.

fast! Ich hatte die höchste öffentliche Stellung erreicht, welche meine ehrgeizigsten Träume mir nur hätten verheißen können."

Nach einer Woche im Senat beschreibt er seiner Frau den Tagesablauf: „Fast jede Nacht sitze ich bis ein oder zwei Uhr an meinem Schreibtisch, nur um mir meine Korrespondenzen nicht über den Kopf wachsen zu lassen. Morgens vor zehn Uhr habe ich schon zuweilen 25 bis 30 Besuche empfangen, und dann kommt das Umherlaufen in den Departements und die Sitzung."

Im Herbst 1869 kehren Frau und Töchter aus Europa zurück. Sie leben zeitweilig in Washington, was Margarethe Schurz bevorzugt, oder in St. Louis. Hier ist Schurz weiterhin bei der „Westlichen Post" tätig, soweit es seine Arbeit im Senat zulässt. Abgesehen von den Erlösen aus seinem Geschäftsanteil bekommt er nur dann Geld, wenn er journalistische Beiträge schreibt. Schnell wird er zum beachteten Redner. Er bringt am 20. Dezember 1869 eine Gesetzesvorlage zur Reform des öffentlichen Dienstes ein, die trotz vieler Widerstände verabschiedet wird. Das Beutesystem, das auf dem Schlagwort beruht „Dem Sieger gehört die Beute", soll durch das Verdienstsystem abgelöst werden, das fachliche Prüfungen vorsieht. Schon Lincoln hatte unter Hinweis auf Stellenjäger gewarnt: „Die Rebellion ist schwer genug zu überwinden, aber da sehen Sie etwas, das im Laufe der Zeit für die Republik eine größere Gefahr werden wird." Der Wiederaufbau im Süden ist im Senat ein weiteres wichtiges Thema. Hier tritt Schurz für einen allgemeinen Straferlass ein, ist also entgegenkommender als 1865 nach der Rückkehr von seiner Erkundungsreise.

Er ist gegen das von beiden Häusern des Kongresses beschlossene Papiergeldgesetz, das zuviel Geld in Umlauf bringe. In diesem Punkt ist er einer Meinung mit Grant, der sein Veto einlegt und eine geringere Vermehrung erreicht: statt 44 Millionen Dollar „nur" 26 Millionen. Als Schurz in der Debatte um die Papiergeldvermehrung von Senator Oliver P. Morton vorgeworfen wird, er habe die Partei verlassen, kontert er mit der für ihn charakteristischen Feststellung, er sei „nie aus der Partei ausgetreten, ich bin nie meinen Prinzipien untreu geworden."

Bei der von Grant geforderten, aber erfolglosen Bewegung für die Annexion von San Domingo (Hispaniola), ist er, inzwischen Mitglied des Auswärtigen Ausschusses, eindeutig gegen ihn und seine eigene Partei, die im März 1871 Senator Charles Sumner als Vorsitzenden dieses Ausschusses ablösen wird, weil er Schurz' Auffassung teilt.

Margarethe Schurz mit Sohn Carl Lincoln Schurz.

Die Debatten um die weitere Behandlung des Südens ziehen sich fast über das ganze Jahr 1870 hin. Schurz tritt für eine kontinuierliche Entwicklung ein, um die „tiefverwurzelten Gewohnheiten und Anschauungen" zu überwinden. Gleichzeitig ist er für die Beteiligung der Südstaatler am politischen Leben. Damit macht er sich in seiner Partei bis hin zum Präsidenten keine Freunde, da dies die Demokraten begünstigen und die Republikaner benachteiligen würde. Dies zeigt sich in Missouri: Hier setzt sich Gratz Brown, Gesinnungsgenosse von Schurz, mit Hilfe der Demokraten bei der Gouverneurswahl durch.

Als im Dezember 1871 bekannt wird, dass die Regierung im Herbst und im Winter 1870 in großen Mengen Waffen an das mit Deutschland im Krieg liegende Frankreich verkauft hat, spitzt sich der Konflikt zwischen den Grant-Freunden und seinen Kritikern zu. Vor allem die zahlreichen Deutschstämmigen stärken Schurz den Rücken. Es stellt sich schnell heraus, dass Bestechung im Kriegsministerium und Missbrauch der Amtsgewalt bei dem Waffengeschäft eine entscheidende Rolle gespielt haben. Seine Rede, die er am 20. Februar 1872 in dieser Angelegenheit hält, wird er später als seinen größten parlamentarischen Erfolg im Senat bezeichnen. Es ist eine glänzende rhetorische Abrechnung mit seinen Gegnern. Bei der Fortsetzung der Debatte am Tag darauf gibt Schurz seine berühmt gewordene Erläuterung der Devise „My country, right or wrong": „Für mein Vaterland, ob im Recht oder Unrecht; wenn im Recht, dann im Recht erhalten, wenn im Unrecht, dann zum Recht führen." Die Diskussion führt zur Einsetzung eines Untersuchungsausschusses, der von Regierungsfreunden dominiert wird und die Beamten von aller Schuld freispricht.

Zum Ausgleich für die Anstrengungen unternimmt Schurz mit der Familie im Frühsommer 1872 einen Deutschlandbesuch. Die Familie ist wieder auf drei Kinder angewachsen: Am 28. Februar 1871 war in St. Louis Carl Lincoln Schurz geboren worden. Am Pfingstsonntag besucht die Familie Schurz die Verwandten in Lind, am Pfingstmontag ist sie beim Schützenfest in Liblar zu Gast. Carl Schurz interessiert sich für die politische Lage im kurz zuvor gegründeten Deutschen Reich. Das Einigungswerk begrüßt er: „Die große Seele Deutschlands hat endlich wieder einen Körper gefunden, gewaltig wie sie selbst." Gleichzeitig warnt er vor dem „Strohfeuer eitler, knabenhafter Überhebung". Den Deutschamerikanern rät er von einer Rückkehr nach Deutschland ab. In den Vereinigten Staaten könne „die alte germanische Freiheitsidee ihre vollste Verwirklichung finden". Schurz lässt sich also nicht von der nationalistischen Welle mitreißen wie mancher Revolutionär von 1848/49. Er liegt eher auf gleicher Wellenlänge wie der Dichter Georg Herwegh:

> Schwarz, weiß und rot! Um ein Panier
> Vereinigt stehen Süd und Norden;
> Du bist im ruhmgekrönten Morden
> Das erste Land der Welt geworden:
> Germania, mir graut vor dir!
>
> Mir graut vor dir, ich glaube fast,
> Dass du, in argen Wahn versunken,
> Mit falscher Größe suchst zu prunken
> Und dass du, gottesgnadentrunken,
> Das Menschenrecht vergessen hast.

91

Liberal-Republikaner

Die bei der Gouverneurswahl 1870 in Missouri deutlich gewordene Spaltung der Republikaner in Radikale und Reformer führt 1872 zur Bildung der Liberal-Republikaner. Sie halten am 24. Januar in Missouris Hauptstadt Jefferson City ihre erste große Versammlung ab. Zunächst wollen sie in ihrem Sinn die Republikaner beeinflussen und die Wiedernominierung Grants verhindern. Doch dieser wird wieder als Kandidat aufgestellt. Daher küren die Reformer im Mai in Cincinnati mit dem einflussreichen Verleger Horace Greeley im siebten Wahlgang einen eigenen Kandidaten. Gratz Brown wird als Vizepräsident benannt. Schurz hätte den in den ersten Wahlgängen vorn liegenden Charles Francis Adams, früher Gesandter in London, oder Lyman Trumbull, einst Senator für Illinois, vorgezogen. Schurz argumentiert im Wahlkampf denn auch weniger für Greeley, der seit Juli von den Demokraten unterstützt wird, als vielmehr gegen Grant, der haushoch gewinnt.

Carl Schurz bei einer Massenversammlung der Liberal-Republikaner in Cincinnati.

Im Vorfeld des Wahlkampfs war übrigens im Repräsentantenhaus eine Verfassungsänderung überlegt worden, nach der ein amerikanischer Präsident nicht im Land geboren sein muss. Wie der englische Gesandte Edward Thornton am 12. Dezember 1871 an seinen Außenminister Earl Granville schrieb, war dieser Gedanke wegen einer eventuellen Kandidatur von Schurz aufgekommen, aber nur im Justizausschuss, nicht im Plenum beraten worden.

Wie Recht Schurz mit seiner Warnung vor einer zweiten Amtszeit Grants hat, belegen zahlreiche Korruptionsskandale bis 1876. Dies führt zu Verlusten der Republikaner bei den Wahlen von 1874. Auch im Parlament von Missouri bekommen die Demokraten die Mehrheit. Die Wiederwahl von Schurz ist demnach illusorisch, auch wenn sich einzelne Demokraten für ihn aussprechen. Der „Louisviller Anzeiger" setzt sich für ihn ein: „In allen nationalen Fragen vertritt er die besten demokratischen Ideen. Er ist einer der großen Redner und großen Denker des Landes." Bei einem Bankett in New York wird bedauert, er sei den Republikanern zu unabhängig und die Demokraten wüssten seinen Wert für das öffentliche Leben nicht zu schätzen. Tatsächlich wird im Januar 1875 der ehemalige Südstaatengeneral Frank M. Cockrell gewählt. Er bekommt 93 Stimmen. Der republikanische Kandidat erhält 22, Schurz, obwohl er gar nicht kandidiert, immerhin fünf.

Im April 1875 berät sich Schurz mit früheren Liberal-Republikanern, deren Parteiorganisation sich nach und nach aufgelöst hatte. Sie wollen den bevorstehenden Präsidentschaftswahlkampf in ihrem Sinn beeinflussen. Schurz reist mit der Familie nach Deutschland, wo sie sich von Mai bis August aufhalten. Hier erreicht ihn ein Hilferuf des Reformers Charles Francis Adams jun., der am 28. Juni schreibt: „Die Schlacht von 1876 müssen wir jetzt in Ohio gewinnen oder verlieren." Mitte September ist Schurz wieder in den USA und macht als Unabhängiger Wahlkampf für Rutherford B. Hayes, der für eine solide Währung und eine saubere Verwaltung eintritt. Hayes wird im Oktober 1875 knapp zum Gouverneur von Ohio gewählt.

1876/77 ist für das Privatleben von Schurz eine traurige Zeit. Am 17. Februar 1876 stirbt Vater Christian in Monee, wo Tochter Anna verheiratet ist. Am 5. März kommt in St. Louis der zweite Sohn von Carl und Margarethe, Herbert, zur Welt. Doch zehn Tage später stirbt Schurz' Frau an den Folgen der Geburt. Damit wiederholt sich das Schicksal ihrer Mutter, die nach der Entbindung von Margarethe gestorben war. Margarethe Schurz wird zunächst auf dem Greenwood-Friedhof in New York beerdigt, aber dann nach Hamburg überführt. Am 3. Juli 1876 wird sie im Gewölbe der Familie Meyer auf dem St.-Petri-Friedhof beigesetzt. (Der Sarg wird 1914 auf den Ohlsdorfer Friedhof umgebettet werden. 1965 wird die Grabstätte oberirdisch geräumt werden.) Die Mutter von Schurz wird am 13. Februar 1877 in St. Louis sterben, nicht einmal ein Jahr nach ihrem Mann.

Den vergeblichen Kampf gegen Grant karikiert Thomas Nast.

Trotz der privaten Schicksalsschläge mischt sich Schurz in den Präsident-schaftswahlkampf ein. Bei einem Treffen der Reformer am 16. Mai 1876 in New York macht er programmatisch klar, dass es um die Bekämpfung der Korruption, um den Wiederaufbau im Süden, um eine solide Finanzpolitik und um die weitere Reform des öffentlichen Dienstes gehen müsse. Der reformfreudige Hayes wird am 14. Juni in Cincinnati als republikanischer Kandidat aufgestellt. Schurz lernt ihn Anfang Juli persönlich kennen. Die Demokraten präsentieren Samuel J. Tilden.

Präsident Rutherford B. Hayes bei seiner Vereidigung.

Es kommt am 7. November zu einem umstrittenen Wahlausgang. Hayes hat nicht die Mehrheit der Stimmen erhalten, wohl aber, je nach ihrer Zuordnung, die meisten Wahlmännerstimmen. Schurz plädiert dafür, dass der Oberste Gerichtshof den Fall entscheidet. Es wird aber eine Kommission des Kongresses gebildet, die Hayes zum Wahlsieger erklärt.

Die Reformpolitik des Innenministers

Kurz vor dem Amtsantritt, am 25. Februar 1877, kündigt Hayes dem bald 48-jährigen Schurz an, dass er Minister werden soll. „Ich bin überzeugt, dass es für das Land und für mich besonders ein Glück wäre, wenn Sie Mitglied des Kabinetts würden" – als Innen- oder als Postminister. Schurz entscheidet sich für das Innenministerium, das 1849 seinen Zuschnitt bekommen hatte. Es ist unter anderem für öffentliches Land, für Natur- und Bodenschätze sowie für Indianerangelegenheiten zuständig, nicht jedoch für die Bundespolizei und für die Einwanderer, die dem Justizministerium unterstehen. Zum ersten Mal wird damit ein Deutschstämmiger amerikanischer Minister.

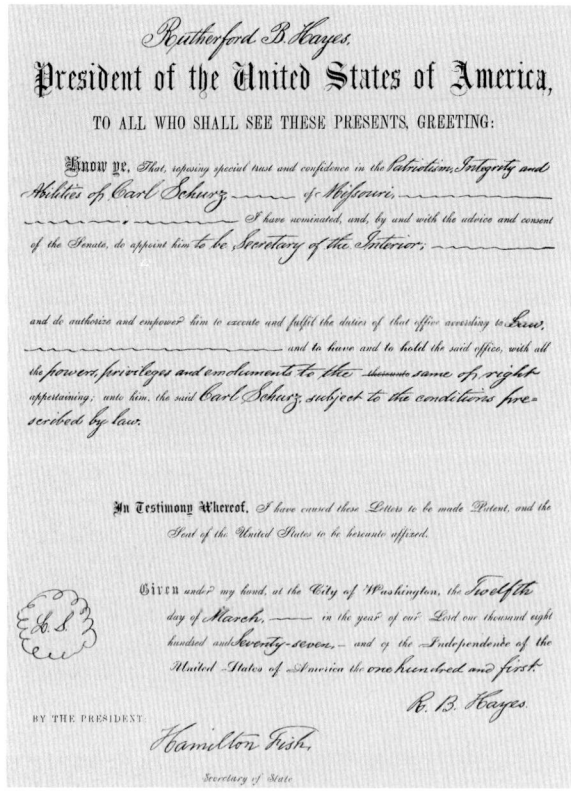

Ernennungsurkunde für Schurz als Innenminister.

Auch die Tätigkeit von Schurz als Innenminister spießt der deutschstämmige Karikaturist Nast auf.

Gleich nach der Bestätigung durch den Senat am 11. März befasst sich Schurz mit der Reform des öffentlichen Dienstes. Den Beamten des Innenministeriums sichert er zu, dass kein tüchtiger Mitarbeiter entlassen wird, egal welcher Partei er angehört. Beförderungen würden nur bei Befähigung und Leistung vorgenommen. Von den leitenden Beamten lässt er entsprechende Vorschläge ausarbeiten. Er führt Prüfungen ein. Es kommt auch zu Entlassungen, vor allem in der Abteilung für Indianerangelegenheiten. Auf Bundesebene erreicht er, dass Beamte keine Wahlbeiträge mehr zahlen müssen und nicht am Wahlkampf teilnehmen dürfen.

Mit der Umsetzung seiner Vorstellungen von der Zivildienstreform verprellt er natürlich zahlreiche Politiker, die Bekannte in seiner Behörde unterbringen wollen. Er lehnt es auch ab, Empfehlungen für andere Ministerien auszusprechen. Einem Bittsteller gegenüber betont er im Juni 1877 seine Grundsätze: „Ich laufe dabei freilich immer Gefahr, meine Freunde, denen mein Erfolg am Herzen liegt, zu enttäuschen, aber das lässt sich nun einmal, wie mir scheint, nicht vermeiden."

Der Durchbruch für eine grundlegende Verwaltungsreform wird allerdings erst durch das Pendleton-Gesetz am 16. Januar 1883 kommen, nachdem ein enttäuschter Postenjäger am 2. Juli 1881 auf Präsident James A. Garfield geschossen hatte, der am 19. September den Verletzungen erliegt.

Auch im Umweltschutz ist Schurz seiner Zeit voraus. Er erkennt den Wert der Wälder und setzt sich für die Erhaltung des Staatswaldes ein, aus dem illegal Holz geschlagen wird. Für widerrechtlich gefällte Bäume nimmt das Innenministerium in den vier Jahren unter Schurz genau so viel Geld ein wie in 22 Jahren zuvor. Auch mit privaten Waldbesitzern legt er sich an. Zum Dank dafür wird er in Karikaturen als Oberförster oder als Polizist dargestellt, der gegenüber Holzfällern handgreiflich wird. Ein Gegengewicht gegen Abholzungen schafft Schurz, indem er auf Regierungsland Anpflanzungen vornehmen und private Waldbesitzer beraten lässt. Kritischer Begleiter von Schurz ist der aus Landau in der Pfalz stammende Karikaturist Thomas Nast, der Vater des Santa Claus. Sie liegen zwar politisch auf einer Linie, verstehen sich aber persönlich überhaupt nicht. Der Zeichner stellt Schurz meist mit finsterer Miene dar.

Aber die Indianer!

Bei aller Anerkennung der Verdienste von Schurz um eine nachhaltige Politik, zu denen auch seine Unterstützung für Hayes' Normalisierungskurs in den Südstaaten gehört, wird aus dem Abstand von rund 130 Jahren mit erhobener Stimme vorwurfsvoll gesagt: Aber die Indianer!

Das hat mit seinem Buch „Begrabt mein Herz an der Biegung des Flusses" Dee Brown getan. Darin wird Schurz im Zusammenhang mit Umsiedlungen der Cheyenne, der Poncas und der Utahs kritisiert. Gerechter wird der Innenminister von Howard Fast in „Die letzte Grenze" beurteilt. In dem auf Tatsachen beruhenden Roman,

Eine Indianerdelegation bei Präsident Hayes: links neben ihm Innenminister Schurz.

29 Jahre vor Browns Werk erschienen, wird festgehalten, dass Schurz 1878 etwa 150 der 300 Cheyenne bei ihrem Zug nach Norden gerettet hat. So schildert auch John Ford 1963 in seinem letzten Western „Cheyenne" den Fall. Im Film tritt Schurz, dargestellt von Edward G. Robinson, mehrmals auf.

Ein Jahr bevor Schurz sein Amt antritt, war die siebte Kavallerie des einstigen Bürgerkriegsgenerals und jetzigen Oberstleutnants George Armstrong Custer von

Sioux und Cheyenne am Little Big Horn River vernichtet worden. Daher wird im Herbst und Winter 1877 darüber diskutiert, die Indianerangelegenheiten vom Innen- auf das Kriegsministerium zu übertragen. Schurz kann im eigens für diese Frage gegründeten Kongressausschuss erfolgreich für die Beibehaltung der bisherigen Regelung argumentieren.

In den ersten Wochen seiner Ministerzeit muss sich Schurz mit Korruption, Bestechlichkeit und Nachlässigkeit im Indianerressort befassen. Er setzt im Juni

1877 eine dreiköpfige Kommission ein, die auch Verbesserungsvorschläge machen soll. Einen Mitarbeiter schickt er in die Indianergebiete, damit er die Situation vor Ort erkundet. Später unternimmt er selbst einige Reisen zu den Indianern. Als der Verwaltungschef des Bureau of Indian Affaires, S. A. Galpin, wegen Unfähigkeit entlassen wird, beklagt dieser sich am 24. Januar 1878 in der „Tribune", er sei eines der ersten Opfer von Schurz.

Nach Überzeugung von Schurz sollen die Indianer in ihren Gebieten zu Ackerbau und Viehzucht angeleitet und zu Handwerkern ausgebildet werden. Er fördert die Einrichtung von Schulen und gibt Indianern die Möglichkeit, als Handwerker und Polizisten zu arbeiten. Mit anderen Wor-

Die zwiespältige Haltung der Weißen gegenüber den Indianern gibt diese Karikatur von Nast wieder.

ten: Er will die Indianer sesshaft machen und zivilisieren – eine für seine Zeit moderne Ansicht, ganz entgegen dem Spruch, der General Sherman zugeschrieben wird: Nur ein toter Indianer ist ein guter Indianer.

Schurz: „Lasst ihnen Gerechtigkeit widerfahren, und wenn sie nicht zu ebenso zivilisierten und nützlichen Bürgern zu machen sind wie die Weißen, dann lasst sie so zivilisiert und nützlich werden, wie es möglich ist." Wie kritisch die weißen Amerikaner diese Haltung sehen, demonstriert eine Karikatur von Thomas Nast. Die Zeichnung zeigt Indianer an der Wahlurne, beobachtet von Schurz, während im Hintergrund eine Gruppe von Indianern eine Farm anzündet. Ähnlich wie den Cheyenne, die ihn wegen seiner Brille „Große Augen" nennen, hat er den Utahs beigestanden, die ihn „Vierauge" titulieren. Er verhindert im September 1879 in Colorado einen Rachefeldzug der Weißen gegen sie. Augenzeuge ist August Graf Dönhoff, der zur deutschen Gesandtschaft in Washington gehört.

Die Umsiedlung der Poncas von Nebraska in das Indianerterritorium des späteren Bundesstaates Oklahoma hat Schurz zwar anfänglich gebilligt, dann aber Einspruch erhoben. Mit Helen Hunt Jackson, Verfasserin der Untersuchung „Ein Jahrhundert der Schande", womit die Behandlung der Indianer gemeint ist, wechselt er deshalb zahlreiche Briefe. Senator Henry L. Dawes weist er darauf hin, dass er als erster das Unrecht an den Poncas anerkannt und 1879 konstruktive Vorschläge gemacht habe, wie es gesühnt werden könne. Schließlich erhalten sie 165.000 Dollar Entschädigung. Die Ursache für die Auseinandersetzung war schon vor der Amtszeit von Schurz entstanden, als nämlich den Poncas ein Gebiet der Sioux angewiesen wurde und beide Stämme sich nicht vertrugen.

Die Paiute-Indianer haben ihr Reservat im Westen Nevadas zu Ehren von Schurz nach ihm benannt. Er soll dafür gesorgt haben, dass eine Eisenbahnlinie den Ort berührt. Von verschiedenen Indianerstämmen hat Schurz Geschenke und Andenken erhalten – von einer Rehlederjacke bis zu Pelzmokassins. In einer seiner späteren Wohnungen wird er einen Raum für solche Souvenirs einrichten, den er Wigwam nennt. Aus Respekt vor Schurz sollen viele Indianer den Vornamen Carl erhalten haben.

VI. | Mahner und Chronist

Mit dem Ende der Amtszeit von Hayes, der nicht zum zweiten Mal kandidieren wollte, geht auch die Ministerzeit von Schurz zu Ende, hoch geehrt von vielen Mitbürgern. So findet ihm zu Ehren am 22. März ein Bankett in Boston statt, zu dem ihn rund 330 einflussreiche Bürger eingeladen haben. Zuvor beteiligt er sich noch an der Aufstellung des neuen Präsidentschaftskandidaten. Er ist gegen Bestrebungen zur Wiedernominierung von Grant und setzt sich für Garfield ein. Dieser wird auch beim Konvent der Republikaner im Juni in Chicago im 36. Wahlgang nominiert. Die Wahl am 4. November 1880 gewinnt er knapp gegen Winfield Scott Hancock von den Demokraten. Bei den Wahlmännern liegt Garfield mit 214 zu 155 Stimmen deutlich vorn. Nach der Ermordung Garfields wird Chester A. Arthur als Präsident vereinigt werden.

Neue Liebe

Im Winter 1879/80 hat Schurz Fanny Chapman, Tochter eines angesehenen Richters aus Pennsylvania, kennengelernt. Er schreibt ihr bis 1906 mehr als tausend Briefe, darunter Lektionen in Deutsch, aber auch Liebesbriefe. Er trifft sie so oft wie möglich, heiratet sie aber nicht. Sein amerikanischer Biograf Hans L. Trefousse vermutet: „Der Grund dafür war wahrscheinlich, dass seine älteste Tochter, die ihm den Haushalt führte, eifersüchtig auf eine so junge Nebenbuhlerin war, die nur sieben Jahre älter als sie war. Außerdem musste er auf die Hamburger Familie seiner verstorbenen Frau Rücksicht nehmen, auf die er noch immer finanziell teilweise angewiesen war."

Inneren Abschied nehmen muss Schurz 1882 von seinem politischen Lehrer und Freund Gottfried Kinkel. Er lebte nach dem Tod seiner Frau Johanna und nach neuer Heirat mit Minna Werner seit 1866 als Professor für Kunstgeschichte in Zürich. Die Totenfeier glich einer Massendemonstration. Die Stadt Zürich errichtete dem Gelehrten und Dichter ein Ehrengrab.

Biograf und Ratgeber

Wenn Schurz auch kein politisches Amt mehr innehat, so verfügt er doch weiterhin über politischen Einfluss als Mahner und Warner. Er wendet sich wieder dem Journalismus zu, ist ein eifriger Briefeschreiber und ein gesuchter Redner. Auf Bitten von Henry Villard, als Heinrich Hilgard in der Pfalz geboren, übernimmt Schurz als Chefredakteur mit Edwin L. Godkin und Horace White in New York, seinem neuen Lebensmittelpunkt, die Leitung der „Evening Post". Da die drei ausgeprägten Individualisten jedoch nicht gut zusammenarbeiten können, beendet Schurz im Herbst 1883 seine Tätigkeit. Er beginnt mit der Arbeit an der Biografie von Henry Clay, der Senator und Außenminister im Kabinett John

Familie Schurz 1892 am Frühstückstisch (von links): Carl Lincoln, Marianne, Carl, Agathe Schurz sowie Großnichte Julie Morath. Die Aufnahme machte Sohn Herbert Schurz.

103

Quincy Adams war. Die beiden Bände werden 1887 in der Reihe über amerikani-sche Staatsmänner erscheinen. Schurz sieht dieses Werk als Vorarbeit zu einer Geschichte der USA mit besonderer Berücksichtigung des Bürgerkriegs. Doch andere journalistische und schriftstellerische Arbeiten verhindern diesen Plan.

Bei der Aufstellung der Präsidentschaftskandidaten 1884 nimmt Schurz zusammen mit anderen Unabhängigen entschieden Stellung gegen den seiner Meinung nach unqualifizierten Republikaner James G. Blaine, der jedoch im vierten Wahlgang nominiert wird. Konsequenterweise setzt er sich mit Wahlreden in 25 Städten für den reformorientierten Demokraten Grover Cleveland ein. Dieser gewinnt die Wahl. Damit ist erstmals seit 24 Jahren wieder ein Demokrat US-Präsident.

In seinem Glückwunschschreiben an Cleveland betont Schurz die Notwen-digkeit einer Verwaltungsreform; sie solle „sofort Ihre Aufmerksamkeit in Anspruch nehmen". Wenn der Präsident nicht die richtige Ent-scheidung treffe, „wird diese Fragen Ihnen unaufhörlich große Schwierigkeiten berei-ten". Cleveland bittet im Antwortschreiben vom 6. Dezember 1884, Schurz solle ihm seine Ansichten aus-führlich mitteilen. Diesem Wunsch kommt Schurz in seinem Brief vom 10. Dezember nach, dem er später noch weitere folgen lässt.

Im Winter 1884/85 bereist Schurz alle südlichen Bundes-staaten außer Missis-sippi, um Material für seine geplante USA-Geschichte zu sam-meln und um die seit

Herbert Schurz.

dem Ende des Bürgerkriegs eingetretene Entwicklung zu studieren. In der im Mai 1885 erscheinenden Broschüre „Der neue Süden" hält er fest, dass die Periode der Rebellion überwunden ist. Immer mehr seiner Bekannten drängen Schurz, seine Lebenserinnerungen zu schreiben. Auch um dafür Nachforschungen und Sondierungen zu betreiben, unternimmt er von April bis November 1888 mit Tochter Agathe eine Deutschlandreise. Erstmals seit seiner Auswanderung beteiligt er sich nicht am Präsidentschaftswahlkampf, in dem der Republikaner Benjamin Harrison zum Nachfolger Clevelands gewählt wird.

Eine Deutschlandreise

Vater und Tochter besuchen Verwandte in Lind, das inzwischen zu Köln gehört, in Hamburg und Kiel. Er trifft seinen alten Lehrer Bone in Wiesbaden, kommt in Berlin zu Gesprächen mit Bismarck und mit dem gerade zum deutschen Kaiser gekrönten Wilhelm II. zusammen. Das Treffen mit dem Reichskanzler verläuft in geradezu familiärer Atmosphäre und lässt keine amerikanisch-deutschen Verstimmungen erkennen. Vielleicht weiß Bismarck nicht mehr, dass er 1877 gegen die Überlegung war, Schurz könne amerikanischer Gesandter in Deutschland werden. Er hatte ihm damals Verbindungen zur deutschen Opposition unterstellt. Ähnliche Vorbehalte hat es auch 1884 gegeben: Bei einem Besuch in den USA starb der liberale Politiker Eduard Lasker, ein Gegenspieler Bismarcks, am 5. Januar plötzlich an Herzschlag. Daraufhin wurde im fast leeren Repräsentantenhaus eine Resolution verabschiedet, in der Lasker als hervorragender Politiker gewürdigt wurde. Reichskanzler Bismarck weigerte sich am 9. Februar, diese Resolution mit der Würdigung seines Gegners anzunehmen. In der amtlichen deutschen Denkschrift wurde Schurz vorgeworfen, er wolle die Angelegenheit benutzen, um sich in den Vordergrund zu drängen. 1889 wird sich Schurz übrigens als Diplomat bewähren: Im Konflikt um die Pazifik-Inselgruppe Samoa, auf die sowohl Deutschland als auch die USA und Großbritannien Einfluss nehmen wollen, ist er am Interessenausgleich der drei Staaten beteiligt, der ein gemeinsames Protektorat über das Königreich vorsieht.

Hapag-Repräsentant

Im Dezember 1888 gibt die „Hamburg-Amerikanische Packetfahrt-Actien-Gesellschaft", die Hapag, bekannt, dass Schurz ab Jahresbeginn 1889 für sie als Generalvertreter für die USA tätig sein wird. „Es kann uns Deutschen nur zur Freude gereichen, das Talent und die Arbeitskraft sowie die staatsmännische und wirtschaftliche Potenz unseres berühmten Landsmannes für die Pflege der Beziehungen und des Verkehrs zwischen beiden Nationen durch unsere Gesellschaft in Wirksamkeit gebracht zu sehen", teilt die Hapag am 5. Februar ihren Agenturen in aller Welt mit. Die Position ist mit einem Jahresgehalt von 18.000 Dollar dotiert. Damit hat der nie besonders üppig lebende Schurz ein kalkulierbares Einkommen. Die Einnahmen durch journalistische Beiträge waren nämlich höchst unregelmäßig. So hatte er 1884/85 seinen Haushalt aufgelöst, die Kinder zu den Verwandten in Hamburg ausquartiert und bei seinem Freund Abraham Jacobi gelebt. Bis zum 1. Juli 1892 ist Schurz für die Hapag tätig. Später wird sein Sohn Carl Lincoln die Hapag-Interessen viele Jahre in New York vertreten.

Schon 1889 unternimmt Schurz wieder eine Deutschlandreise, begleitet von Tochter Agathe sowie den Söhnen Carl Lincoln und Herbert. Sie sind unter anderem in Bayreuth, wo der Wagnerverehrer Schurz „Tristan und Isolde", „Die Meistersinger von Nürnberg" und „Parsifal" erlebt. Über Wiesbaden fahren sie im August nach Köln. Von hier aus kutschieren Schurz, die Kinder und Verwandte mit zwei Pferdewagen über Hermülheim nach Liblar, wo sie Verwandte von Schurz' Großvater Heribert Jüssen treffen, und über Brühl zurück in die Domstadt.

Leitartikler für „Harper's Weekly"

Im „Atlantic Monthly" veröffentlicht Schurz 1891 den biografischen Essay „Abraham Lincoln", der 1908 als kleines Buch auf Deutsch erscheinen wird. Schurz schildert darin weniger die politische Laufbahn als vielmehr die Entwicklungsgeschichte des Menschen Lincoln. Er ist sicher, dass der Präsident zum großen Versöhner zwischen Norden und Süden geworden wäre.

Im Frühjahr 1892 übernimmt Schurz nach dem Tod von George William Curtis, den er seit 1860 kannte, die Leitartikel für „Harper's Weekly". Auch in der Präsidentschaft der National Civil Service Reform League folgt er ihm bis 1900. Als Journalist und Redner setzt sich Schurz erfolgreich für die neuerliche Wahl des Demokraten Cleveland zum Präsidenten ein. Bei einem Festbankett am 10. Dezember 1892 in New York betont er, nicht den Berufspolitikern, sondern den verlachten und verachteten Idealisten sei dieser Sieg zu verdanken. Das sittliche Gefühl habe sich als stärker erwiesen als der Parteigeist.

Schurz kann es sich leisten, 1892 in das Landhaus „Solitude" in den Pocantico Hills bei Tarrytown nördlich von New York zu ziehen. Ein Besucher, dem auch die geräumige Bibliothek mit Tausenden von Büchern imponiert, ist von der Atmosphäre des Hauses begeistert. „Wie hier wohliges Behagen vom wärmenden Kaminfeuer ausstrahlte, so fühlte sich das Herz erwärmt von dem unbefangenen Frohmut, der echt deutschen Innigkeit und dem strahlenden Idealismus, welchen dieser einzige Mann um sich verbreitete." Sein herzliches Lachen und sein „frei fantasierendes Klavierspiel, wenn er gelegentlich die Eigenart eines jeden Mitglieds der Gesellschaft parodierend zum Ausdruck brachte", hinterlassen einen besonderen Eindruck.

1896 verlegt Schurz seinen Sommersitz in ein von einem Park umgebenes einfaches Holzhaus in Bolton Landing am Lake George im Bundesstaat New York. Hier wird er Nachbar von Abraham Jacobi. „Wir klagen einander oft vor, dass man uns noch immer nicht zur Ruhe kommen lässt." Auch von diesem Refugium sind Besucher begeistert: „Es war ein herrlicher Sommermorgen, an dem er uns durch den großen Naturpark führte und auf die Schönheiten seiner Bäume und Felsen aufmerksam machte, die er an den hervorragendsten Partien mit mythologischen Namen aus Wagners Dichtungen benannt hatte. Stundenlang erstreckt sich der Park längs des westlichen Seeufers und eröffnet wundervolle Blicke auf den See und die ihn umschließenden Berge."

Anstelle des in der Partei in Ungnade gefallenen Cleveland nominieren die Demokraten 1896 William J. Bryan. Die Republikaner machen William McKinley zu ihrem Kandidaten. Schurz kann sich für keinen der beiden erwärmen und hält daher, ohne direkt Partei zu ergreifen, am 5. September 1896 in Chicago eine Rede für eine solide Währung. Er greift Bryan wegen dessen Eintreten für eine unbeschränkte Silberwährung an und empfiehlt damit indirekt McKinley, der auch gewählt wird. Auf Gerüchte, er solle Kabinettsmitglied werden, reagiert Schurz unwirsch. Statt dessen legt er dem neuen Präsidenten – übrigens erfolgreich – die Beachtung der Verwaltungsreform ans Herz.

Der Antiimperialist

Im April 1898 scheidet Schurz aus der Redaktion von „Harper's Weekly" aus. Die Meinungsunterschiede zwischen ihm und den Eigentümern im Hinblick auf amerikanische Gebietserweiterungen, auch mit militärischen Mitteln, sind zu groß. Schon Ende 1865, als wegen Grenzstreitigkeiten zwischen Venezuela und Britisch Guayana ein Krieg der USA mit Großbritannien drohte, hatte er sich erfolgreich für einen friedlichen Schiedsspruch eingesetzt. Im Frühjahr 1898 kann er einen Krieg gegen Spanien wegen Kuba nicht verhindern. Immerhin erklären die USA, sie wollten Kuba nicht annektieren. Solche Überlegungen gibt es allerdings für die Antilleninsel Puerto Rico, für Hawaii und die Philippinen.

Er schreibt McKinley am 1. Juni 1898, die feierliche Zusage, Kuba seine Freiheit zu lassen, müsse als grundsätzliche Haltung im Hinblick auf alle Gebiete gelten, die das Schlachtenglück in die Gewalt der USA gebe. Man solle die verantwortungsvolle Bürde von schwierigen Kolonien vermeiden und die stolze und vorteilhafte Stellung der großen neutralen Weltmacht einnehmen.

Die Gegner der Expansion, eine Minderheit in der öffent-

Altersbild von Carl Schurz.

lichen Meinung, treffen sich am 18. August in New York. Schurz wirft der Regierung vor, den Krieg gegen Spanien, „den sie nach feierlicher Erklärung im Namen der Freiheit und Menschlichkeit unternommen hat, in einen Krieg zum Zwecke der Selbstbereicherung" verwandelt zu haben. Er frage die Anhänger der Annexion, ob es nützlich oder würdig sei, vor aller Welt als Nation dazustehen, deren feierlichsten Beteuerungen man nicht trauen könne. Schlage man eine Expansionspolitik ein, so werde es immer neue Begehrlichkeiten geben. Im November 1898 wird Schurz zum stellvertretenden Vorsitzenden des Antiimperialismus-Vereins gewählt.

Über das „Problem des Imperialismus" referiert Schurz am 4. Januar 1899 in Chicago, nachdem Spanien Puerto Rico, die Philippinen und die Marianeninsel Guam an die USA abgegeben hat. Die Annektierung der spanischen Besitzungen schade den Interessen der USA und sei eine Verhöhnung des wahren Amerikanismus. Die Philippinen sollten für neutral erklärt werden. Die Rede wird im ganzen Land verbreitet, finanziert vom schottisch-amerikanischen Multimillionär Andrew Carnegie: „Sie haben Hirn, ich habe Dollars. Ich kann einige von meinen Dollars dafür hergeben, Ihrem Hirn Gehör zu verschaffen." Den Bericht der „New Yorker Staatszeitung" über diese Rede schickt die Deutsche Botschaft zur Kenntnisnahme an Reichskanzler Chlodwig Fürst zu Hohenlohe-Schillingsfürst.

Repräsentant der Deutschamerikaner

Wie sehr Carl Schurz unangefochtener Führer der Deutschamerikaner ist, zeigt sich am 8. März 1899 bei einem Ehrenbankett zu seinem 70. Geburtstag in der Halle des „Deutschen Liederkranzes" in New York. Mehrere deutschamerikanische Vereine ernennen Schurz zum Ehrenmitglied. In der prachtvoll geschmückten Halle sind aus Blumen die sechs Buchstaben S, C, H, U, R, Z gebildet, es leuchtet eine mächtige „70" aus elektrischen Lichtern. Die 600 Gäste aus Deutschland und den USA erleben ein lukullisches Essen und zahlreiche Glückwünsche in Poesie und Prosa. Gerührt dankt Schurz: „Ich habe nie gewusst, dass ich hüben und drüben so sehr viele Freunde besitze, so viele auch unter politischen Gegnern, und dass diese Freunde über meine Bestrebungen eine so gute Meinung hegen."

Ähnlich wie er 1897 in New York den Wert der deutschen Sprache betont hat, deren Aufgabe „mehr als eine Torheit" sei, ähnlich wie er 1898 bei der

50-Jahr-Feier der Revolution den opferwilligen Idealismus vieler Deutscher gewürdigt hat, ähnlich hebt er beim Geburtstagsbankett das wertvolle Erbe der Deutschamerikaner hervor: „Der notwendige Amerikanisierungs-Prozess schließt keineswegs ein, dass der Eingewanderte die guten und wünschenswerten Eigenschaften, Denkarten und Sitten, die er von der alten Heimat mitgebracht hat, in der neuen baldigst abwerfen soll." Was die Sprachkenntnisse angeht, stellt er klar: „Wer von uns neben der erlernten englischen Sprache die Pflege der alten beibehält, wird dadurch nicht ein schlechterer Patriot, sondern ein gebildeter Amerikaner."

Für Schurz ist das selbstverständlich. In seinem Haus steht über dem Eingang zum Speiseraum in Form eines Haussegens: „Hier wird Deutsch gesprochen." Nicht nur Hochdeutsch. Einem Besucher fällt auf, „dass der greise Staatsmann den Dialekt seiner rheinischen Heimat noch nicht vergessen hat". Das Platt seines Geburtsortes Liblar und des nahen Lechenich fände bei ihm „immer noch einen überaus sympathischen Widerhall".

1900 ist für Schurz ein schwieriges Jahr. Am 21. Juli stirbt sein jüngerer Sohn Herbert in London, wo er Schauspielunterricht nehmen wollte. In der Imperialismusdebatte kann er die Amerikaner nicht überzeugen. Schurz unterstützt den demokratischen Präsidentschaftskandidaten William J. Bryan, aber McKinley wird eindeutig wiedergewählt. Nach dessen Ermordung am 14. September 1901 wird der gerade 43 Jahre alte Theodore Roosevelt, einst Kriegsteilnehmer auf den Philippinen und auf Kuba, neuer Präsident. Seine imperialistische Außenpolitik sollte später so charakterisiert werden: „Sprich leise und nimm einen dicken Knüppel mit."

Zum letzten Mal zieht Schurz 1902 um. Carnegie hat ihm ein Haus in der 91. Straße östlich vom Central Park zur Verfügung gestellt. Am 10. November 1903 weiht Schurz, der an seinen Lebenserinnerungen arbeitet, das Germanische Museum der Harvard-Universität in Cambridge in Massachusetts ein, an der seine Söhne studiert haben und deren Ehrendoktor er seit 1876 ist. Das von Schurz geförderte Museum soll die Bedeutung deutscher Kultur für Amerika deutlich machen. Ebenfalls im November engagiert er sich für die Finanzierung eines Denkmals für Gottfried Kinkel in dessen Geburtsort Oberkassel bei Bonn.

Den Auftakt im Wahljahr 1904 bildet in „McClure's Magazine" ein Beitrag zur Frage: „Kann der Süden die Negerfrage lösen?" Schurz macht darin die Alternative klar: Entweder arbeiten die Neger ohne Bürgerrechte weiter auf den Plantagen oder sie werden endlich als Bürger anerkannt. Das sei nicht zuletzt eine Frage der Bildung und Erziehung. Schurz gehört zu den Prominenten, die beide Parteien auffordern, sich für die Unabhängigkeit der Philippinen einzusetzen – was erst 1946 der Fall sein wird. Er tritt für den Demokraten Alton B. Parker ein, der aber Roosevelt deutlich unterliegt.

Seinen 75. Geburtstag feiert Schurz am 2. März 1904 im engsten Familienkreis, da er an einer Luftröhrenentzündung leidet. „Ich fühle, dass ich alt werde und zu nichts mehr tauge", hatte er am Vorabend gesagt. Nach seiner Gesundung findet auch eine öffentliche Geburtstagsfeier statt. In seiner Dankesrede nennt er als maßgebenden Gedanken seines Lebens, „dass ich vor allen Dingen dem deutschen Namen niemals Schande machen dürfe". Am 6. Oktober, dem Deutschen Tag, hält er eine Rede bei der Weltausstellung in St. Louis. Er ist voll des Lobes für die deutsche Präsentation. Sämtliche Abteilungen seien geschmackvoll und anziehend angeordnet und gut platziert, schreibt er einem Berliner Journalisten.

Nach den Ehrendoktorwürden von Harvard, St. Louis und der Columbia-Universität in New York wird er im Juni 1905 von der Universität von Wisconsin in Madison ausgezeichnet. Als der Männerchor das deutsche Lied „Weh, dass wir scheiden müssen" singt, ist Schurz tief gerührt und bittet um eine Zugabe.

Das „McClure's Magazine" beginnt im November 1905 mit dem Abdruck der Lebenserinnerungen. Sie stoßen auf großes Interesse und bringen ihm viel Anerkennung. Den ersten Band hat er auf Deutsch verfasst. Er reicht bis zur Auswanderung in die USA. Den zweiten hat er auf Englisch geschrieben. Er endet mit der Vereidigung als Senator. Den abschließenden Band kann er nicht vollenden. Er wird Briefe enthalten und die von den Historikern Frederic Bancroft und William A. Dunning zu Ende geführte Biografie.

Der Tod

Der deutsche Schriftsteller Ludwig Fulda besucht Schurz Anfang 1906. „Der ungebrochenen Hünengestalt mit dem aufrechten Denkerhaupt und den feurig blitzenden Jünglingsaugen war es nicht anzusehen, dass der Schnitter schon an der Pforte stand." In den frühen Morgenstunden des 14. Mai, einem Sonntag, stirbt Carl Schurz nach etwa einwöchigem Krankenlager wegen seiner Bronchialbeschwerden. Die Kinder und Abraham Jacobi sind bei ihm. Seine letzten Worte: „Es ist so einfach, zu sterben."

Die Zeitungen in den USA und in Deutschland bringen ausführliche Nachrufe. „Harper's Weekly" zeigt auf der Titelseite ein großes Foto und veröffentlicht eine Würdigung von Mark Twain, der ihn noch auf dem Krankenlager besucht hatte. Präsident Roosevelt steht an der Spitze der kondolierenden Amerikaner.

Kaiser Wilhelm II. würdigt Schurz als hervorragenden Mann, der seiner neuen Heimat in Krieg und Frieden wertvolle Dienste geleistet und sein deutsches Blut nie verleugnet habe. Etwas peinlich ist, dass sich der New Yorker Generalkonsul Bunz in einem Telegramm an Reichskanzler Bernhard Fürst von Bülow für die 75 Dollar entschuldigt, die der Kranz gekostet hat. „Während nach deutschen Begriffen der Preis des Kranzes sehr hoch erscheinen mag, ist das unter den hiesigen Verhältnissen keineswegs der Fall."

Die Beisetzung findet am 17. Mai statt. Drei Stunden lang ziehen Trauergäste am Haus von Schurz vorbei, um ihm die letzte Ehre zu erweisen. Familienangehörige und Freunde folgen dem Sarg, der mit der Bahn nach Tarrytown nördlich von New York zum Friedhof Sleepy Hollow gebracht wird. Hier wird Schurz neben dem sechs Jahre zuvor gestorbenen Sohn Herbert beigesetzt. Später finden auch die anderen drei Kinder hier ihr Grab. Am 6. Juni findet in der Carnegie Hall in New York eine Trauerfeier der Deutschamerikaner statt. Auch in Städten wie Cincinnati und Chicago wird an Schurz erinnert. Ebenfalls in der Carnegie Hall nimmt am 21. November in einer Art Staatsakt das politische Amerika Abschied von Carl Schurz. Zu den Rednern gehören der frühere Präsident Cleveland und der Schwarzenführer Booker T. Washington.

Carl-Schurz-Denkmal von Heinz Geier in Erftstadt-Liblar.

112

Nachwort

Straßen, Schulen, Denkmäler, Briefmarken erinnern an Carl Schurz. Spezialisten wissen, dass arktische Vorgebirge am Petermann-Fjord nach Schurz und seinen Töchtern benannt sind. Zwei Schiffe trugen seinen Namen. Die Steuben-Schurz-Gesellschaft in Frankfurt am Main, die Carl-Schurz-Gesellschaft in Bremen, das Carl-Schurz-Haus in Freiburg und der Carl-Schurz-Kreis in Erftstadt befassen sich mit ihm. Die Carl Schurz Memorial Foundation in Philadelphia hat jahrelang die verdienstvolle „American German Review" herausgegeben. In Madison wurde eine Carl-Schurz-Professur gestiftet.

Die wichtigste Veranstaltung im Rheinland zur 100-Jahr-Feier der Revolution fand 1948 in Schurz' Geburtsort Liblar statt. Als sich Bonn im selben Jahr als künftige Bundeshauptstadt bewarb, unterstützte der nordrhein-westfälische Ministerpräsident Karl Arnold diesen Plan unter anderem mit der Begründung: „Mit den Geschehnissen des Jahres 1848 ist Bonn neben vielen anderen durch die Namen Kinkel und Schurz tief verbunden." Mitbewerber Frankfurt hatte nämlich auf die Paulskirchen-Tradition verwiesen. Einige Male wurde der Carl-Schurz-Preis der Stadt Erftstadt vergeben, unter anderem an den ehemaligen US-Hochkommissar John McCloy und an den polnischen Arbeiterführer und Präsidenten Lech Walesa. Vielleicht wird es eines Tages in Erftstadt-Liblar ein Carl-Schurz-Museum geben. Exponate dafür sind vorhanden – von Originalbriefen bis zum Schlossmodell.

Das Buch hat hoffentlich deutlich gemacht, dass Carl Schurz ein selbstbewusster und geradliniger Mensch war: Unabhängig, aber nicht neutral. Nicht alle seine politischen Ziele konnte er auf Anhieb durchsetzen. So wurden die Freiheitsideale der Revolution in Deutschland erst nach dem Ersten Weltkrieg umgesetzt. Die Folgen der Sklaverei und der Rassentrennung hielten in den USA bis nach dem Zweiten Weltkrieg an. Der Kampf gegen die Korruption wird wohl nie aufhören können. Die Grundsätze von Schurz, die sich an den Menschenrechten orientieren, haben bis heute nichts von ihrer Aktualität verloren. Er kann auch heute noch Vorbild sein.

Personenregister

Adam 34, 36, 37
Adams, Charles Francis 72, 92
Adams, Charles Francis jun. 93
Adams, Franz 24
Adams, John Quincy 104
Althaus, Friedrich 17, 65, 67, 74, 84
Anneke, Fritz 27, 29–31, 33, 36, 37, 54, 67, 74
Anneke, Mathilde Franziska 36, 37, 67
Arndt, Ernst Moritz 20
Arnold, Karl 113
Arthur, Chester A. 102
Augusta von Sachsen-Weimar-Eisenach 10

Bamberger, Ludwig 30
Bancroft, Frederic 111
Bauerband, Johann Joseph 25
Bebel, August 55
Becker, Joseph 25
Becker, Hermann Heinrich 44, 45, 49
Bethmann-Hollweg, Moritz August von 22
Betty 34
Beust, Friedrich von 37, 52
Beyer, Carl Friedrich 46, 47
Bismarck, Otto von 25, 55, 86, 87, 105
Blanc, Louis 52
Blaine, James G. 104
Bleibtreu, Gustav 25
Blum, Robert 25
Boisserée, Sulpiz 10
Bone, Heinrich 14, 18, 105
Booth, John Wilkes 83, 86
Booth, Edwin 86
Breckinridge, John C. 70
Brehm, Alfred 10

114

Ortsregister

Archive

Berlin:
Archiv des Auswärtigen Amtes (Diplomatische Beziehungen zwischen USA und Deutschland)
Geheimes Staatsarchiv Preußischer Kulturbesitz (Verhörprotokolle aus Spandau)

Bonn:
Bibliothek zur Geschichte der DDR (Bücher und Zeitschriften zur Geschichte der Arbeiterbewegung)
Stadtbibliothek (Sammlung Kinkel)
Universitäts- und Landesbibliothek, Handschriftenabteilung (Nachlass Kinkel)

Brühl:
Stadtarchiv (Lehrerseminar, Schulzeit)

Düsseldorf:
Hauptstaatsarchiv (Nachlass Kobé)

Erftstadt:
Archiv des Carl-Schurz-Kreises (Originale und Kopien zur Biografie)
Archiv der European School of Management and Technology (ESMT, früher USW) (Belege zur Grachter Administrations-Rechnung)
Archiv der St.-Sebastianus-Schützenbruderschaft Liblar (Verzeichnis der Schützenkönige)
Stadtarchiv (Protokoll des Gemeinderates Liblar)

Karlsruhe:
Generallandesarchiv (Kinkel und Schurz in der Revolution)

Koblenz:
Landeshauptarchiv (Bonn in der Revolution)

Köln:
Historisches Archiv des Erzbistums Köln (Christian Schurz)
Historisches Archiv der Stadt Köln (Marzellengymnasium)

Universitäts- und Stadtbibliothek (Zeitungsausschnittsammlung)

Landau:
Stadtarchiv (Bestand der Thomas-Nast-Stiftung)

München:
Universitätsarchiv (Schurz als Studentenführer)

Münster:
Universitätsbibliothek, Handschriftenabteilung (Briefe an Fanny Chapman)

Oldenburg:
Universitätsarchiv (Passagierlisten der USA-Ostküstenhäfen auf Mikrofilm)

Schwerin:
Landeshauptarchiv Schwerin (Anklage gegen Brune, Krüger und Schurz)

Washington:
Kongressbibliothek (Carl Schurz Papers)
Deutsches Historisches Institut (Literatur zur deutsch-amerikanischen Geschichte)

Literatur

Deutschsprachige Werke und Briefe

Richard Wanderer (Roman, verfasst 1846/47), in: Deutsch-Amerikanische Geschichtsblätter, Jahrbuch der Deutsch-Amerikanischen Historischen Gesellschaft von Illinois XXIX (1929).

Der Studentencongress zu Eisenach am 25. September 1848, seine Bedeutung und Resultate, Bonn 1848.

Zeitungsbeiträge in der Bonner Zeitung (1848) und Neuen Bonner Zeitung (1849), in: Max Braubach: Bonner Professoren und Studenten in den Revolutionsjahren 1848/49, Köln/(Leverkusen-)Opladen 1967. S. 142-235.

Gedichte aus den 1840er-Jahren im Historischen Archiv der Stadt Köln (Originale) und in: Bonner Franken 26 (Juli 1928). S. 2.

Lebenserinnerungen. 3 Bde, Berlin 1906-1912. (lieferbare Bearbeitung: Sabine Boebé: Carl Schurz – ganz kurz, Erftstadt 1984).

Abraham Lincoln, Berlin 1908.

Eberhard Kessel: Die Briefe von Carl Schurz an Gottfried Kinkel, Heidelberg 1965.

Walter Keßler: „ ... ich liefere Dir nur den Commentar" – 15 bisher unbekannte Briefe von Carl Schurz, in: Zeitschrift für die Geschichte des Oberrheins 135. (1987). S. 217-272.

Deutschsprachige Literatur

Dietrich Ahrens: Weltbürgertum, Amerikanismus und Deutschtum in der Weltanschauung von Karl Schurz (Dissertation), Frankfurt/Main 1940.

Frank Bartsch: Carl Schurz und die studentische Bewegung in der deutschen Revolution von 1848/49 (Magisterarbeit), Bonn 1996.

Sonja-Maria Bauer: Die Verfassunggebende Versammlung in der Badischen Revolution von 1849, Düsseldorf 1991.

James M. Bergquist: Die Achtundvierziger: Katalysatoren deutsch-amerikanischer Politik, in: Frank Trommler/Elliot Shore (Hgg.): Deutsch-amerikanische Begegnungen – Konflikt und Kooperation im 19. und 20. Jahrhundert, Stuttgart/München 2001. S. 46-62.

Karl Bittel (Hg.): Der Kommunistenprozeß zu Köln 1852 im Spiegel der zeitgenössischen Presse, (Ost-)Berlin 1955.

Wilhelm Blos: Badische Revolutionsgeschichten aus den Jahren 1848 und 1849, Mannheim 1910.

Emil L. Boas u.a.: Ehrenbankett für Carl Schurz, New York 1899.

Sabine Boebé: Post aus London (Heiratsurkunde von Schurz), in: wohnparkreport 97, ([Erftstadt] 1983). S. 16/17.

Sabine Boebé: Schloß Gracht in Erftstadt-Liblar, (Rheinische Kunststätten Nr. 355), Köln ²1993.

Sabine Boebé/Josef Grommes/Walter Keßler: Liblar 1150–2000, Erftstadt 1999.

Heinz-Günther Borck u.a.: „ ... ein freies Volk zu sein!" – Die Revolution von 1848/49, Koblenz 1998.

Max Braubach: Bonner Professoren und Studenten in den Revolutionsjahren 1848/49, Köln/(Leverkusen-)Opladen 1967.

Dee Brown: Begrabt mein Herz an der Biegung des Flusses, Hamburg 1972. [Bury My Heart at Wounded Knee, New York 1970]

Adolf Busse: Ein Brief Johanna Kinkels an Carl Schurz, in: The German Review 5/2 (1930). S. 183-187.

Otto Dannehl: Carl Schurz – ein deutscher Kämpfer, Berlin/Leipzig 1929.

Eitel Wolf Dobert: Deutsche Demokraten in Amerika – Die Achtundvierziger und ihre Schriften, Göttingen 1958.

Marion Gräfin Dönhoff: Kindheit in Ostpreußen, Berlin 1988.

Chester V. Easum: Vom Einwanderer zum Staatsmann – Wie der Deutsche Carl Schurz Amerikaner wurde, Weimar 1937. [The Americanization of Carl Schurz. Chicago 1929]

Anton Erkelenz/Fritz Mittelmann: Carl Schurz – Der Deutsche und der Amerikaner, Berlin 1929.

Howard Fast: Die letzte Grenze, Frankfurt/Main 1977. [The last frontier, New York 1941]

Ludwig Fulda: Amerikanische Eindrücke, Stuttgart/Berlin ²1907.

Frank Gattnar: Chancellorsville, Wyk auf Föhr 1993.

Dörte Gernert: Die Revolution von 1848/49 im Rheinisch-Bergischen, Remscheid 1984.

„Die Glocke": Carl Schurz – sein Leben und Wirken, Chikago 1906.

Klaus Goebel/Manfred Wichelhaus: Aufstand der Bürger – Revolution 1849 im westdeutschen Industriezentrum, Wuppertal ³1974.

Ulysses S. Grant: Memoiren. 2 Bde., Leipzig 1886. [Personal Memoirs, New York 1885/86]

Wilhelm Hense-Jensen: Wisconsin's Deutsch-Amerikaner bis zum Schluß des neunzehnten Jahrhunderts. Bd. 1, Milwaukee 1900.

Alexander Herzen: Die gescheiterte Revolution – Denkwürdigkeiten aus dem 19. Jahrhundert, Frankfurt/Main 1977.

Walter Heynen: Kinkels Flucht – Eine Schurz-Nachlese auf Grund der Akten, in: Preußische Jahrbücher, Band 236, Berlin 1934. S. 142-176.

Helmut und Marianne Hirsch: Stammte Margarethe Meyer-Schurz aus einer ursprünglich jüdischen Familie? – Zur Problematik ihrer ersten Biographie, in: Ludger Heid/Joachim H. Knoll: Deutsch-jüdische Geschichte im 19. und 20. Jahrhundert, Stuttgart/Bonn 1992. S. 85-106.

Antonie Jüssen: Eine Kindheit in Liblar, in: wohnpark-report Nr. 76, Erftstadt 1980. S. 18/19.

Otto Jüssen: Schurz-Daten (Typoskript), Stuttgart um 1950.

Renate Kaiser: Die politischen Strömungen in den Kreisen Bonn und Rheinbach 1848-1878, Bonn 1963.

Wilhelm Kaufmann: Die Deutschen im amerikanischen Bürgerkriege, München/Berlin 1911.

Hans Kersken: Stadt und Universität Bonn in den Revolutionsjahren 1848-49, Bonn 1931.

Fritz Keßler: Carl Schurz – Zur Familien- und Sippengeschichte, in: Heimatkalender 1972 Kreis Euskirchen, Euskirchen 1971. S. 64-75.

Fritz Keßler: Ein Leben für und mit Carl Schurz – Christian Schurz und seine Familie, in: Bonner Geschichtsblätter, Band 32, Bonn 1980. S. 46-88.

Fritz Keßler: Zur Geschichte der Familie Jüssen (Typoskript), Innsbruck 1987.

Walter Keßler: Carl Schurz (1829–1906), in: Rheinische Lebensbilder, Band 9, Köln 1982. S. 179-215.

Walter Keßler: Einen deutschen Begriff exportiert – Kindergarten in England und in den USA stammt aus dem Umfeld von Carl Schurz, in: Erftstadt-Jahrbuch 2005, Erftstadt 2004. S. 125/126.

Walter Keßler: Mit „Carl Schurz" über die Meere – Ein deutsches und ein amerikanisches Schiff mit dem Namen des Liblarers, in: Erftstadt-Jahrbuch 2006, Erftstadt 2005. S.53/54.

Emil Kimpen: Die Ausbreitungspolitik der Vereinigten Staaten von Amerika, Stuttgart/Berlin 1923.

Gottfried Kinkel: Gegen die Todesstrafe und das Attentat sie in der Schweiz wieder einzuführen, Zürich 1879.

Monica Klaus: „ ... die Nachtigall hat etwas detoniert!" – Johanna Kinkels „Vogelkantate" – eine Komposition und ihre Geschichte, in: Bonner Geschichtsblätter, Band 53/54, Bonn 2004. S. 289-300.

Hanns Klein: Gottfried Kinkel als Emissär der provisorischen Regierung der Pfalz im Frühjahr 1849 im Westrich – Bemerkungen zu neuentdeckten Kinkel-

Briefen, in: Jahrbuch für westdeutsche Landesgeschichte, Koblenz 1982. S. 107-135.

Hans G. Knäusel: Zeppelin und die Vereinigten Staaten von Amerika, Friedrichshafen ²1981.

Hermann Kraemer: Rastatt im Revolutionsjahr 1848/49, Rastatt 1949.

Armin M. Kuhnigk: Karl Schapper – Ein Vater europäischer Arbeiterbewegung, Camberg 1980.

Hans-Gerd Kuxdorf: Carl Schurz und die Politik der Reconstruction (Hausarbeit), Köln 1969.

Joachim Maass: Der unermüdliche Rebell – Leben, Taten und Vermächtnis des Carl Schurz, Hamburg 1949.

Karl Marx/Friedrich Engels: Werke, Bände 7 und 8, (Ost-)Berlin 1975, 1976.

George B. McClellan: McClellan's Own Story, in: Victor Austin: Der Amerikanische Bürgerkrieg in Augenzeugenberichten, Düsseldorf 1963. [New York 1887]

Franz Mehring: Geschichte der Deutschen Sozialdemokratie, Erster Theil, Stuttgart 1887.

Wolfgang Meretz: Amts- und Intelligenzblatt der provisorischen Regierung der Rheinpfalz, Berlin 1997.

Heinrich Adolph Meyer: Erinnerungen an Heinrich Christian Meyer, Hamburg 1887.

Martin Paeslack: Einheit und Demokratie – Die Erinnerung an Carl Schurz und ihre Bedeutung für die deutsch-amerikanische Beziehungen von der Kaiserzeit bis zur Gegenwart (Magisterarbeit), Köln 1997.

Alfons Pausch: Steuerverweigerung in Bonn und Siegburg – Anno 1848/49, in: Deutsches Steuerrecht, München 1976. S. 684-720.

Wolfgang Raith: Carl Schurz und die Liberal Republican Party 1872 (Proseminar-Referat), Köln 1978.

Willy Real: Das Großherzogtum Baden zwischen Revolution und Restauration 1849–1851 – Die Deutsche Frage und die Ereignisse in Baden im Spiegel der Briefe und Aktenstücke aus dem Nachlaß des preußischen Diplomaten Karl Friedrich von Savigny, Stuttgart 1983.

Helmut Renner: Der Bericht des Regierungspräsidenten von Zenetti über die politische Bewegung in der Pfalz 1848/49, in: Mitteilungen des Historischen Vereins der Pfalz, Speyer 1961. S. 138-170.

Ernst Röhl: Auf eigene Gefahr – Carl-Schurz-Roman, Berlin 1998.

Carl Sandburg: Abraham Lincoln – Das Leben eines Unsterblichen, Hamburg/Wien 1958.

Klaus Schmidt: Mathilde Franziska und Fritz Anneke – Aus der Frühzeit von Demokratie und Frauenbewegung, Köln 1999.

Walter Schmidt: Wilhelm Wolff, Kampfgefährte und Freund von Marx und Engels, (Ost-Berlin 1979.

Regina-Margarete Schneider: Landesausschuß und Provisorische Regierung in Kaiserslautern 1849, in: Jahrbuch zur Geschichte von Stadt und Landkreis Kaiserslautern, Band 22/23, Otterbach 1986. S. 91-117.

Otto Graf zu Stolberg-Wernigerode: Deutschland und die Vereinigten Staaten von Amerika im Zeitalter Bismarcks, Berlin/Leipzig 1933.

Gerd Stolz: Heinrich Adolph Meyer und sein „Haus Forsteck" in Kiel, Husum 2004.

Sabine Sundermann: Deutscher Nationalismus im englischen Exil, Paderborn 1997.

Hans L. Trefousse: Carl Schurz 1829–1906 (Vortragstyposkript), Köln 1980.

Hans L. Trefousse: Carl Schurz und Friedrich Hecker, in: Alfred G. Frei: Friedrich Hecker in den USA, Konstanz 1993. S. 97-106.

Verein Alter Bonner Franken: Frankonia, Dir gehör ich, Bonn 1970.

Gertrud Wegner: Literarisches Leben in Köln 1815–1849, Köln 2005.

Wermuth/Stieber: Die Communisten-Verschwörungen des neunzehnten Jahrhunderts, Berlin 1853 (Nachdruck Berlin 1976).

Robert Wild: Lieber, Körner, Schurz, drei große Deutschamerikaner, in: Preußische Jahrbücher, Band 217, Berlin 1929. S. 12-27.

Klaus Wolf: Carl Schurz in der Reichsverfassungskampagne von 1849: Vom Bonner Studenten zum Revolutionär in Baden und in der Pfalz, in: Zeitschrift für die Geschichte des Oberrheins, 145. Band, Stuttgart 1997. S. 295-321.

Die englischsprachige Literatur enthält:

Clara M. Lovett: Carl Schurz 1829–1906: A biographical essay and a selective list of reading materials in English, Washington 1983

Außerdem sind zu nennen:

Albert Bigelow Paine: Th. Nast – His period and his pictures, New York/London 1904 (Nachdruck Princeton 1974).

Visit of the Hon. Carl Schurz to Boston, 1881.

Noah A. Trudeau: Gettysburg – A Testing of Courage, New York 2002.

Charles J. Wallman: The German-Speaking Forty-Eigthers: Builders of Watertown, Wisconsin, Madison 1990.

Bildnachweis

Archiv der Thomas-Nast-Stiftung Landau: S. 94, 97, 100
Landesarchiv NW PSA Brühl Standesamt Liblar, Geburtsregister 1829, Urkunde Nr. 18: S. 8
Archiv des Carl-Schurz-Kreises, Erftstadt: alle übrigen Abbildungen